高职高专系列教材

基础会计实训

第2版

李金茹　赵　宇　温艳红　编

机械工业出版社

本书基于会计工作过程设计实训内容，主要包括七个实训项目，项目一是会计基本技能实训；项目二～项目六为会计核算方法实训，分别为：原始凭证的填制、审核与整理，记账凭证的填制、审核与装订，账簿的设置与登记，期末业务处理，会计报表的编制；项目七为综合实训。单项实训中每个项目分别给出任务案例、实训步骤提示、实训用品资料，便于学生自主学习；综合实训中模拟工业企业一个月的经济业务，要求学生自行准备会计实际工作用品，进行仿真实训。从会计环节上看，本书包括建账、原始凭证的填制与审核、记账凭证的填制与审核、账簿的登记、报表的编制等环节。从实训内容上看，本书包括了工业企业发生的常见经济业务。

本书适合各类高职高专院校、成人教育会计专业学生使用，也可以用于企业会计从业人员的培训及各类自学考生使用。

图书在版编目（CIP）数据

基础会计实训/李金茹，赵宇，温艳红编．—2 版．—北京：机械工业出版社，2018.3（2022.10 重印）

高职高专系列教材

ISBN 978-7-111-59236-5

Ⅰ．①基… Ⅱ．①李… ②赵… ③温… Ⅲ．①会计学—高等职业教育—教材 Ⅳ．①F230

中国版本图书馆 CIP 数据核字（2018）第 033635 号

机械工业出版社（北京市百万庄大街 22 号 邮政编码 100037）

策划编辑：孔文梅 责任编辑：孔文梅

责任校对：张潇杰 封面设计：鞠 杨

责任印制：郜 敏

北京盛通商印快线网络科技有限公司印刷

2022 年 10 月第 2 版第 3 次印刷

184mm×260mm · 11.5 印张 · 275 千字

标准书号：ISBN 978-7-111-59236-5

定价：35.00 元

电话服务

客服电话：010-88361066

010-88379833

010-68326294

网络服务

机 工 官 网：www.cmpbook.com

机 工 官 博：weibo.com/cmp1952

金 书 网：www.golden-book.com

机工教育服务网：www.cmpedu.com

前　言

2014年财政部对《企业会计准则》进行了较大规模的修订，修订了《职工薪酬》、《财务报表列报》等5个具体准则，并增加了《公允价值计量》等3个具体准则；2016年和2017年两年间进一步修订了《收入》等6个具体准则，增加了《持有待售的非流动资产、处置和终止经营》具体准则；自2006年颁布《企业会计准则》以来，共发布了12个准则的解释。几年来我国的《企业会计准则》不断修订，并与国际会计准则趋同。同时，国家自2016年5月以来全面实施营改增，企业的财税实务处理也发生了较大的变化。

按照新准则强化会计模拟实训，已成为高职高专教育的当务之急。本书以适应高职高专教学需要、体现高职高专特点为原则，基于工作过程设计教学内容与教学环节，配备仿真的实训资料。

本书在编写中做到了以下几点。

（1）配备实训步骤讲解。大部分会计实训类教材是单纯的练习性教材，而本书对每个项目分别给出任务案例、实训步骤提示、实训用品资料，便于学生自主学习。

（2）思路新。本书编写思路是基于会计工作过程，从单项实训到综合实训，主要包括七个实训项目，项目一是会计基本技能实训；项目二～项目六为会计核算方法实训，分别为：原始凭证的填制、审核与整理，记账凭证的填制、审核与装订，账簿的设置与登记，期末业务处理，会计报表的编制；项目七为综合业务处理。按照先单项后综合的设计思路，符合学生的认知规律。

（3）内容新。本书以2017年财政部最新修订的《企业会计准则》为主要编写依据。

（4）会计原始资料仿真。每笔经济业务所附的原始凭证采用最新的、仿真的凭证。

（5）配套辅助资料齐全。本书配备了电子课件、实训结果等教学资料，2017会计准则、准则讲解、会计法等学习工具资料。丰富的辅助资料便于老师教学和学生自学，打破了课堂教学的空间范围和时间范围。凡选用本书作为教材的教师均可登录机械工业出版社教育服务网www.cmpedu.com免费下载。如有问题请致电010-88379375，QQ：945379158。

本书由天津科技大学李金茹、天津科技大学赵宇、吉林交通职业技术学院温艳红编写，具体编写分工为：李金茹提出编写大纲，负责项目一～项目六单项实训项目的编写，负责项目七综合实训部分模拟企业的主要业务的编写；赵宇负责项目七综合实训部分原始凭证的编制，并对全书进行审核；温艳红辅助进行企业案例的收集。

教材第1版自出版后，得到许多高职高专院校的好评。在《企业会计准则》发生较大变化、国家的财税政策发生重大变化之际，我们对原教材进行修订再版。

本书在改版过程中参阅了一些同类教材，走访了多家企业，得到了多家企业和其他老师的支持和帮助，在此一并表示感谢！

尽管我们为编写此书付出了很大努力，但由于我们的理论水平和实践经验有限，加之时间仓促，书中难免有错漏之处，恳切希望广大读者批评指正，以便再版时修正完善。

编　者

目　录

项目一　会计基本技能实训

学习目标

1．能正确书写会计小写数字。

2．能正确书写会计大写数字。

3．能熟练、准确地运用小键盘、计算器或算盘进行平打、翻打。

4．了解常见点钞方法，熟练进行点钞操作。

任务案例

对于一名出纳或会计人员，频繁的收付款、填制会计凭证、登记会计账簿、编制会计报表是其日常工作。收付款工作要求出纳人员要能够熟练地点钞；日常业务的处理要求会计人员能够规范、正确地书写小写数字、大写数字；会计数据的处理，要求会计人员能熟练、准确地对会计凭证、会计账簿、会计报表中的数据进行平打、翻打运算。

1．会计小写数字训练。书写纸如表 1-1 所示。

2．会计大写数字训练。书写纸如表 1-2 所示。

3．小键盘训练。练习纸如表 1-3 所示。

任务处理

一、会计小写数字书写训练

1．每个数字要大小匀称，笔画流畅；每个数码独立有形，使人一目了然，不能连笔书写。

2．书写排列有序且字体要自右上方向左下方倾斜地写（数字与底线通常成 60 度的倾斜）。

3．书写的每个数字要贴紧底线，但上不可顶格。一般每个格内数字占 1/2 的位置，要为更正数字留有余地。

4．会计数码书写时，笔画顺序是自上而下，先左后右，防止写倒笔字。

5．同行的相邻数字之间要空出半个阿拉伯数字的位置，但也不可预留间隔（以不能增加数字为好）。

6．除“4”“5”以外数字，必须一笔写成，不能人为地增加数字的笔画。

7．“6”字要比一般数字向右上方长出 1/4，“7”和“9”字要向左下方（过底线）长出1/4。

8．对于易混淆且笔顺相近的数字，在书写时，尽可能地按标准字体书写，区分笔顺，避免混同，以防涂改。例如：“1”不可写得过短，要保持倾斜度，将格子占满 1/2，这样可防止改写为“4”“6”“7”“9”；书写“6”时要顶满格子 1/2，下圆要明显，以防止改写为“8”；“7”“9”两字的落笔可延伸到底线下面；“6”“8”“9”“0”的圆必须封口。

按照以上要求，在书写纸上正确书写小写数字，书写纸如表 1-1 所示。

表 1-1　小写数字书写纸

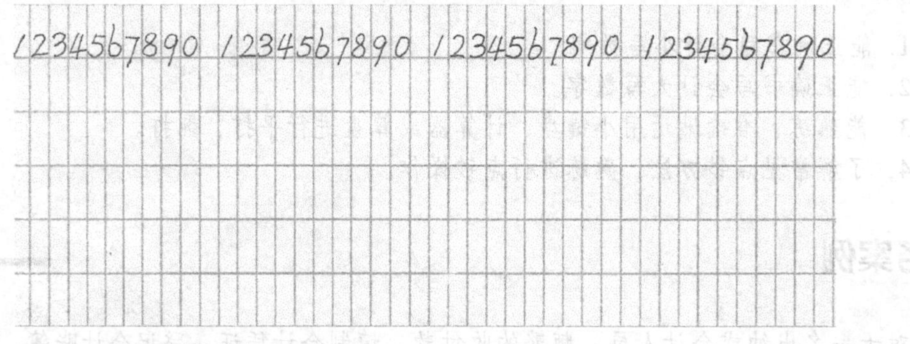

二、会计大写数字书写练习

1．大写数字的书写

汉字大写数字金额如零、壹、贰、叁、肆、伍、陆、柒、捌、玖、拾、佰、仟、万、亿等，一律用正楷或者行书体书写，不得用 0、一、二、三、四、五、六、七、八、九、十等简化字代替，不得任意自造简化字。

大写金额数字到元或者角为止的，在元或者角字之后应当写“整”字或者“正”字；大写金额数字有分的，分字后面不写“整”字或者“正”字。例如，人民币 35680 元，大写金额数字应为“人民币叁万伍仟陆佰捌拾元整”或为“人民币叁万伍仟陆佰捌拾元正”；又如，人民币 471.90 元，大写金额数字应为“人民币肆佰柒拾壹元玖角整”或为“人民币肆佰柒拾壹元玖角正”；再如，人民币 2308.66 元，大写金额数字应为“人民币贰仟叁佰零捌元陆角陆分”。

2．货币名称的书写

大写金额数字前未印有货币名称的，应当加填货币名称，货币名称与金额数字之间不得留有空白。在发货票等需填写大写金额数字的原始凭证上，如果有关货币名称事先未能印好，在填写大写金额数字时，应加填有关的货币名称，然后在其后紧接着填写大写金额数字，如人民币 186497 元，应当写成“人民币壹拾捌万陆仟肆佰玖拾柒元整”，不能分开写成“人民币　壹拾捌万陆仟肆佰玖拾柒元整”。

3.“零”字的写法

阿拉伯金额数字中间有 0 时，汉字大写金额要写“零”字；阿拉伯数字金额中间连续有几个 0 时，汉字大写金额中可以只写一个“零”字；阿拉伯金额数字元位是 0，或者数字中间连续有几个 0，元位也是 0，但角位不是 0 时，汉字大写金额可以只写一个“零”字，也可以不写零字。例如：人民币 105846 元，应写成“人民币壹拾万零伍仟捌佰肆拾陆元正”；人民币 1000846 元，应写成“人民币壹佰万零捌佰肆拾陆元正”；人民币 1860.96 元，可以写成“人民币壹仟捌佰陆拾元零玖角陆分”，也可以写成“人民币壹仟捌佰陆拾元玖角陆分”；人民币 86000.80 元，可以写成“人民币捌万陆仟元零捌角整”，也可以写成“人民币捌万陆仟元捌角正”。

按照以上要求，在书写纸上正确书写大写数字，书写纸如表 1-2 所示。

表 1-2　大写数字书写纸

小写金额										大写金额
千	百	十	万	千	百	十	个	角	分	
¥	3	5	6	0	0	2	0	0	0	
	¥	2	0	0	0	0	0	1	0	
¥	1	3	5	6	4	0	0	0	0	
	¥	9	6	5	4	3	1	1	1	
¥	2	5	6	8	0	0	0	0	2	
	¥	7	0	0	0	8	9	0	3	
¥	8	3	4	5	0	0	0	2	0	
	¥	1	3	5	0	9	0	2	1	
¥	3	6	7	4	0	9	9	6	3	
¥	1	0	0	0	0	0	0	0	9	

三、小键盘训练

数字键盘的指法是：中指打 258，食指打 147，无名指打 369，大拇指打 0，小指打回车。练习小键盘可分几个过程：

1．熟悉键位。按顺序反复敲击 13579＋24680。

2．实际应用。平打传票，平打练习如表 1-3 所示。

3．实战训练。翻打传票（训练左右手配合）。

表 1-3　某银行业务技能测评小键盘平打试题

序号	千百十	亿千百	十万千	百十元	角分	序号	千百十	亿千百	十万千	百十元	角分	序号	千百十	亿千百	十万千	百十元	角分
1				20	47	1			18	484	19	1			994	451	90
2			282	510	37	2			–	947	21	2		5	126	464	84
3			–	696	39	3			443	130	49	3		–	381	881	71
4			34	916	99	4				62	86	4		8	916	748	04
5				490	20	5		3	267	578	12	5			123	455	81

（续）

序号	千百十	亿千百	十万千	百十元	角分	序号	千百十	亿千百	十万千	百十元	角分	序号	千百十	亿千百	十万千	百十元	角分
6			44	346	00	6				−56	24	6		−4	211	029	05
7		2	964	080	81	7		−	190	637	20	7			−78	046	56
8			−2	460	90	8			−	574	19	8				57	46
9			212	307	73	9			108	322	14	9			−63	231	50
10			19	049	98	10			84	102	78	10			3	624	90
11		−	397	125	24	11		4	212	402	34	11			−	322	74
12			83	575	43	12			−7	685	45	12		−	518	002	31
13		9	956	878	66	13				−82	58	13			−3	740	81
14			−	557	19	14		−1	195	831	29	14				58	32
15		−	185	885	62	15			−	432	69	15		7	527	526	85
16			−78	370	66	16			250	265	50	16			317	309	57
17				755	14	17			55	115	35	17				97	25
18		−	562	414	55	18			−7	478	91	18			−21	653	74
19			6	053	43	19			960	092	16	19			9	804	71
20			582	162	47	20			7	307	80	20		7	964	233	39
21		−1	287	292	48	21		−3	242	584	22	21			−5	030	60
22			79	491	27	22				−67	12	22		−	310	113	52
23			234	033	20	23		1	490	264	89	23			−1	601	50
24			52	805	48	24			3	084	10	24			−80	620	11
25			173	608	39	25			63	000	79	25		−	703	259	27
26			79	856	56	26				144	21	26				−74	45
27		−	227	496	33	27			22	535	40	27			454	528	80
28				−77	15	28			−5	531	86	28			−	143	91
29			−9	072	47	29				217	91	29			1	969	26
30				461	66	30			872	860	71	30			952	703	85
31			36	699	52	31			−80	153	19	31			−	107	33
32				32	72	32				−56	44	32				76	57
33		−	408	413	69	33			−	353	07	33		−	415	362	54
34				−64	86	34			−6	870	54	34			−	519	15
35			1	583	37	35			−	254	08	35			−9	873	10
36			39	718	01	36			337	551	87	36			62	152	09
37			−7	596	46	37			−10	854	18	37				212	52
38		−3	638	641	35	38			3	547	18	38			−6	778	53
39			−	994	25	39			−	248	12	39			17	445	98

（续）

序号	千百十	亿千百	十万千	百十元	角分	序号	千百十	亿千百	十万千	百十元	角分	序号	千百十	亿千百	十万千	百十元	角分
40		4	292	053	22	40		–	718	832	39	40				135	78
41				11	09	41			8	603	91	41			7	970	00
42			–3	537	29	42				703	28	42			14	446	71
43				82	51	43			76	134	94	43				185	66
44			2	570	22	44			5	284	11	44			763	134	76
45				622	34	45			58	048	70	45				905	18
46			3	863	03	46			3	483	45	46			4	412	07
47			–	459	85	47				782	44	47			62	712	40
48			–5	219	29	48			169	104	00	48				954	21
49			–	661	37	49			40	432	12	49			12	554	32
50			5	579	10	50			4	829	28	50				592	43
合计						合计						合计					

四、点钞训练

常见的点钞方法有单指单张、单指多张和多指多张三种。

（一）单指单张

单指单张点钞法是用一个手指一次点一张的方法。具体操作方法如下：

1. 持票。左手横执钞票，下面朝向身体，左手拇指在钞票正面左端约 1/4 处，食指与中指在钞票背面与拇指同时捏住钞票，无名指与小指自然弯曲并伸向票前左下方，与中指夹紧钞票，食指伸直，拇指向上移动，按住钞票侧面，将钞票压成瓦形，左手将钞票从桌面上擦过，拇指顺势将钞票向上翻成微开的扇形，同时，右手拇指、食指做点钞准备。

2. 清点。左手持钞并形成瓦形后，右手食指托住钞票背面右上角，用拇指尖逐张向下捻动钞票右上角，捻动幅度要小，不要抬得过高。要轻捻，食指在钞票背面的右端配合拇指捻动，左手拇指按捏钞票不要过紧，要配合右手起自然助推的作用。右手的无名指将捻起的钞票向怀里弹，要注意轻点快弹。

3. 记数。与清点同时进行。在点数速度快的情况下，往往由于记数迟缓而影响点钞的效率，因此记数应该采用分组记数法。把 10 作 1 记，即 1、2、3、4、5、6、7、8、9、1（即 10），1、2、3、4、5、6、7、8、9、2（即 20），以此类推，数到 1、2、3、4、5、6、7、8、9、10（即 100）。记数时应默记，不要念出声，做到脑、眼、手密切配合。

（二）单指多张点钞法

点钞时，一指同时点两张或两张以上的方法叫单指多张点钞法。具体操作方法如下：

1. 持票（同单指单张）。

2. 清点。清点时，右手食指放在钞票背面右上角，拇指肚放在正面右上角，拇指尖超出票面，用拇指肚先捻钞。单指双张点钞法，拇指肚先捻第一张，拇指尖捻第二张。单指多张点钞法，拇指用力要均衡，捻的幅度不要太大，食指、中指在票后面配合捻动，拇指捻张，无名指向怀里弹。在右手拇指往下捻动的同时，左手拇指稍抬，使票面拱起，从侧边分层错开，便于看清张数，左手拇指往下拨钞票，右手拇指抬起让钞票下落，左手拇指在拨钞的同时下按其余钞票，左右两手拇指一起一落协调动作，如此循环，直至点完。

3．记数。采用分组记数法。如：点双数，两张为一组记。

（三）多指多张点钞法

多指多张点钞法是指点钞时用小指、无名指、中指、食指依次捻下一张钞票，一次清点四张钞票的方法，也叫四指四张点钞法。具体操作方法：

1．持票。用左手持钞，中指在前，食指、无名指、小指在后，将钞票夹紧，四指同时弯曲将钞票轻压成瓦形，拇指在钞票的右上角外面，将钞票推成小扇面，然后手腕向里转，使钞票的右里角抬起，右手五指准备清点。

2．清点。右手腕抬起，拇指贴在钞票的右里角，其余四指同时弯曲并拢，从小指开始每指捻动一张钞票，依次下滑四个手指，每一次下滑动作捻下四张钞票，循环操作。

3．记数。采用分组记数法。每次点四张为一组，记满 25 组为 100 张。

在平时练习过程中，可以购买如图 1-1 所示练功券进行练习，建议采用分组竞争方式进行练习。

图 1-1　点钞练功券

项目二　原始凭证的填制、审核与整理

学习目标

1．能正确填制原始凭证的各项内容。
2．会根据原始凭证的各个项目的填制要求对原始凭证进行审核。
3．能够采用正确的方法整理原始凭证。

任务一　原始凭证的填制与审核

任务案例

案例 2-1　鸿儒木器有限责任公司 2017 年度 12 月份发生以下经济业务，要求填制和审核原始凭证的各项内容。

1．2 日，公司出纳员田野签发现金支票，提取现金 5000 元，用于日常零星开支，见原凭 2-1。

2．2 日，采购部门业务员李杰准备到成都出差 6 天，预借差旅费 3000 元，以现金支付（单位负责人：张相），见原凭 2-2。

3．3 日，从珠海微电脑公司采购的微电脑控制仪 5 台验收入库，每台计划成本 8200 元，实际价款 46800 元，款项暂欠，见原凭 2-3。

4．9 日，生产部办公桌车间张军领用实木板 300 张，88 元/张，纤维板 300 张，50 元/张，见原凭 2-4。

5．10 日，收到孙丽交来的长春市办公用品销售公司现金 1755 元，清偿所欠货款，见原凭 2-5。

6．22 日，销售部李杰报销成都出差差旅费 2860 元，交回余款 140 元。其中出差日期为 12 月 16 日至 21 日，共 6 天，出差补助 200 元/天，附单据 3 张，见原凭 2-6-1 至原凭 2-6-4。

7．23 日，销售给辽宁鑫宇办公设备有限公司办公桌 400 台，每台单价 800 元，合计不含税售价为 320000 元，增值税税率为 17%，见原凭 2-7。

8．23 日，将收到的现金 30 万元（3000 张 100 元）存入银行，见原凭 2-8。

9．25 日，签发转账支票，支付沈阳市市政安装公司工程款 145000 元，见原凭 2-9。

10．29 日，采购实木板 1000 张，每张 90 元，签发商业承兑汇票一张，期限 6 个月，见原凭 2-10。

任务处理

根据原始凭证各项内容的填制要求，填制各项经济业务的原始凭证，填制完毕后，将所填原始凭证原凭 2-1 至原凭 2-9 交由审核人员进行审核，保证原始凭证的合法性与合理性。

原凭　2-1

中国农业银行 转账支票存根（津） AC022118	本支票付款期限十天	中国农业银行　　现金支票（津）　　AC022118
附加信息		出票日期（大写）　年　月　日　付款行名称：农行繁荣路支行
		收款人：　　出票人账号：301-3926499
		人民币（大写）　　亿千百十万千百十元角分
出票日期　年　月　日		用途＿＿＿＿
收款人：		上列款项请从
金额：		我账户内支付
用途：		出票人签章　财务专用章　印李斯　　复核　　记账
单位主管　会计		

原凭　2-2

借款单（记账）

年　月　日　　　　顺序第　　号

借款单位		姓　名		级　别		出差地点	
						天数	
事　由			借款金额（大写）				
单　位负责人签　署			借款人签　章		注意事项		
机关首长或授权人批　示		审核意见					

三联　款记账凭证

原凭　2-3

材料入库验收单

售货单位：　　　　　　　　　　　　　　　　　　　　　　　　验字第　　　号

单据号数：　　　　　　　　　　　年　月　日　　　　　　　　结算方式：

材料编号	名称及规格	计量单位	数　量		实 际 金 额	
			采购	实收	单价（元）	总价（元）
			计划单价		运费	
验收意见			单价（元）	总价（元）		
入库时间					合计	

仓库主管：　　　材料会计：　　　收料员：　　　经办人：　　　制单：

原凭　2-4

领　料　单

材料类别：　　　　　　　　　　　　　　　　　　　　　　　　领用部门编号：

领用部门：　　　　　　　　　　　年　月　日　　　　　　　　发料部门编号：

材 料 编 号	名称及规格	计量单位	数　量		金　额	
			请领数	实发数	单价（元）	总价（元）
合计						
用途						

仓库主管：　　　材料会计：　　　领料员：　　　经办人：　　　制单：

原凭 2-5

收 据

年 月 日 No 816745

科 目		交款单位	
摘 要			
金额	人民币（大写）		￥

（印章：肇庆信木器有限责任公司 单位财务章 财务专用章）

会计： 复核： 经手人： 交款人：

原凭 2-6-1

差旅费报销单

年 月 日

出差人		职务		部门		审批人	
出差事由				出差	自 年 月 日		
到达地点				日期	至 年 月 日共 天		
	交通工具			其他	旅馆费	补助	
项目	火车	汽车	轮船	飞机		住宿 天	每天标准	合计
金额								
总计人民币（大写）								
原借款金额		报销金额		交结余金额				
				人民币（大写）				

会计主管人员： 记账： 审核： 附单据： 张

原凭 2-6-2

01 v 563268762　　天津　售

天津→成都　　K257 次

2017 年 12 月 16 日 16:23 开 10 车 12 号

全价 450.00 元　新空调卧铺特快

限乘当日当次车

在 4 日内有效

原凭 2-6-3

01 v 563269543　　成都　售

成都→天津　　K258 次

2017 年 12 月 21 日 13:53 开 5 车 10 号

全价 450.00 元　新空调卧铺特快

限乘当日当次车

在 4 日内有效

原凭 2-6-4

510000000000　　四川增值税普通发票　　№ 20171220

发票联　　开票日期：2017年12月20日

购买方	名称：鸿儒木器有限责任公司 纳税人识别号：120117860653155 地址、电话：天津市繁荣路1499号 85541064 开户行及账号：农行繁荣路支行 301-3926499				密码区			
货物或应税劳务、服务名称		规格型号	单位	数量	单价	金额	税率	税额
住宿费			天	4	194.17	776.7	3%	23.3
合计						￥776.70		￥23.30
价税合计（大写）	捌佰元整				（小写）￥800.00			
销售方	名称：成都假日酒店 纳税人识别号：510345098411234 地址、电话：成都市双安路10号 2347654 开户行及账号：工行双安路支行 28390509211				备注			

收款人：　　复核：　　开票人：黄雪　　销售方：（章）

第二联：发票联　购买方记账凭证

原凭 2-7

120000000000

天津增值税专用发票

No 20171223

记账联　开票日期：2017年12月23日

购买方	名称：辽宁鑫宇办公设备有限公司 纳税人识别号：389570638373426 地址、电话：沈阳市振兴路279号 6733902 开户行及账号：工行沈阳分行 06-238877830500	密码区					
货物或应税劳务、服务名称	规格型号	单位	数量	单价	金额	税率	税额
办公桌	p2361	张	400	800.00	320000.00	17%	54400.00
合计					¥320000.00		¥54400.00
价税合计（大写）	叁拾柒万肆仟肆佰元整				（小写）¥374400.00		
销售方	名称：鸿儒木器有限责任公司 纳税人识别号：120117860653155 地址、电话：天津市繁荣路1499号 85541064 开户行及账号：农行繁荣路支行 301-3926499	备注					

收款人：　复核：　开票人：王磊　销售方：（章）

第一联：记账联　销货方记账凭证

（印章：鸿儒木器有限责任公司 120117860653155 发票专用章）

原凭 2-8

中国农业银行现金缴款单（回单）

年　月　日

收款单位	全称		款项来源										
	账号		开户银行		缴款单位								
人民币（大写）				千	百	十	万	千	百	十	元	角	分

票面	百元	五十元	十元	五元	二元	一元	五角	二角	一角	五分	二分	一分	合计金额
把（百张）数													收款：（银行盖章）
叠（二十张）数													复核：
零张数													
合计金额													年　月　日

（印章：中国农业银行繁荣路支行 2017.12.23 转账 转讫）

原凭　2-9

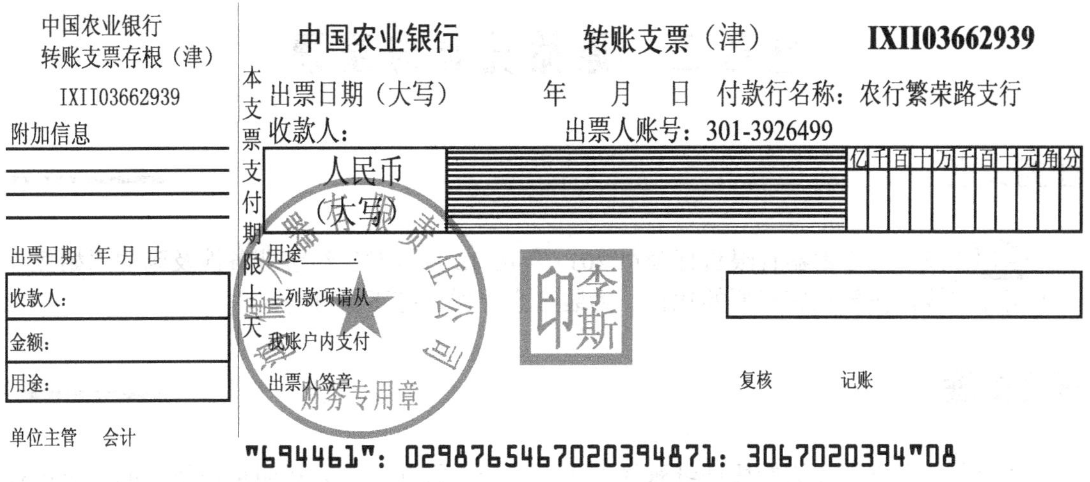

中国农业银行
转账支票存根（津）
IXII03662939
附加信息
出票日期　年　月　日
收款人：
金额：
用途：
单位主管　会计

中国农业银行　转账支票（津）　IXII03662939
本支票支付期限十天
出票日期（大写）　年　月　日　付款行名称：农行繁荣路支行
收款人：　出票人账号：301-3926499
人民币（大写）　亿千百十万千百十元角分
用途＿＿＿＿
上列款项请从
我账户内支付
出票人签章　复核　记账
"694461": 029876546702039487l: 3067020394"08

原凭　2-10

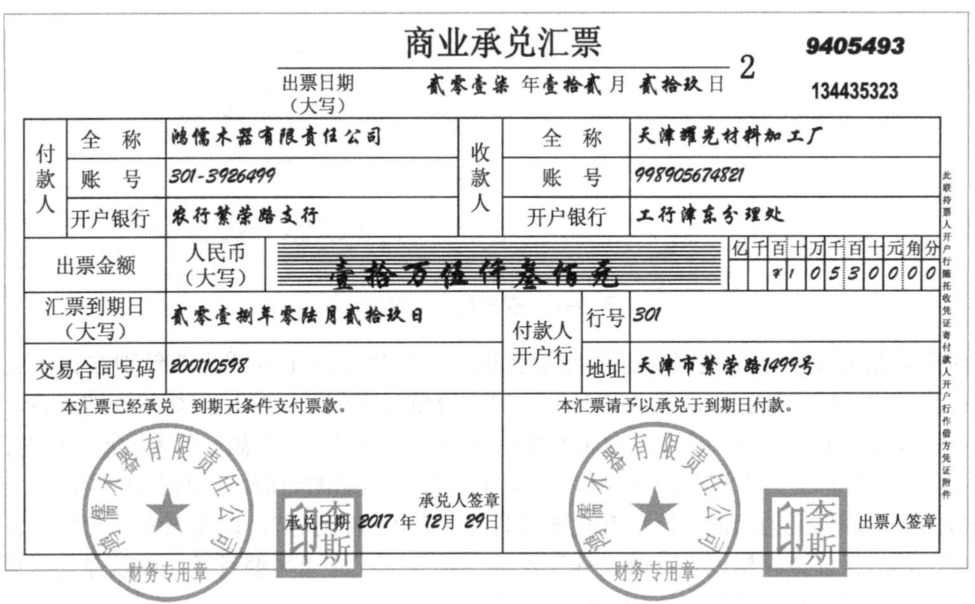

商业承兑汇票　2　9405493
134435323
出票日期（大写）　贰零壹柒年壹拾贰月贰拾玖日

付款人	全　称	鸿儒木器有限责任公司	收款人	全　称	天津耀光材料加工厂
	账　号	301-3926499		账　号	998905674821
	开户银行	农行繁荣路支行		开户银行	工行津东分理处
出票金额	人民币（大写）	壹拾万伍仟叁佰元		亿千百十万千百十元角分	￥10530000
汇票到期日（大写）		贰零壹捌年零陆月贰拾玖日	付款人开户行	行号	301
交易合同号码		200110598		地址	天津市繁荣路1499号

本汇票已经承兑　到期无条件支付票款。
承兑人签章
承兑日期 2017 年 12月 29日

本汇票请予以承兑于到期日付款。
出票人签章

此联持票人开户行随托收凭证寄付款人开户行作借方凭证附件

任务二　原始凭证的整理

任务案例

案例 2-2　鸿儒木器有限责任公司 2017 年度 12 月份发生经济业务涉及到的原始凭证已填制并审核，按要求整理原始凭证，为装订会计凭证打下基础。

任务处理

会计实务中收到的原始凭证纸张往往大小不一，因此，需要按照记账凭证的大小进行折叠或粘贴。通常，对面积大于记账凭证的原始凭证采用折叠的方法，按照记账凭证的面积尺寸，将原始凭证先自右向左，再自下向上两次折叠。折叠时应注意将凭证的左上角或左侧面空出，以便于装订后的展开查阅。对于纸张面积过小的原始凭证，则采用粘贴的方法，即按一定次序和类别将原始凭证粘贴在一张与记账凭证大小相同的白纸上。粘贴时要注意，应尽量将同类同金额的单据粘在一起；如果是板状票证，可以将票面票底轻轻撕开，厚纸板弃之不用；粘贴完成后，应在白纸一旁注明原始凭证的张数和合计金额。整理效果如图 2-1 所示。

图 2-1　原始凭证的整理

对于纸张面积略小于记账凭证的原始凭证，则可以用回形针或大头针别在记账凭证后面，待装订凭证时，抽去回形针或大头针。对于数量过多的原始凭证，如工资结算表、领料单等，可以单独装订保管，但应在封面上注明原始凭证的张数、金额，所属记账凭证的日期、编号、种类。封面应一式两份，一份作为原始凭证装订成册的封面，封面上注明“附件”字样；另一份附在记账凭证的后面，同时在记账凭证上注明“附件另订”，以备查考。此外，各种经济合同、存出保证金收据以及涉外文件等重要原始凭证，应当另编目录，单独登记保管，并在有关的记账凭证和原始凭证上相互注明日期和编号。

项目三　记账凭证的填制、审核与装订

学习目标

1．能根据不同的经济业务选择正确的记账凭证种类。
2．能够准确编制经济业务的会计分录。
3．能正确填制各种记账凭证的各项内容。
4．会根据记账凭证各个项目的填制要求对记账凭证进行审核。
5．能够采用正确的方法整理记账凭证。
6．熟悉记账凭证的传递流程。

任务一　收款凭证的填制

任务案例

案例 3-1　鸿儒木器有限责任公司 2017 年度 12 月份发生以下收款业务，要求根据审核无误的原始凭证（原始凭证略），填制收款凭证的各项内容。

1．2 日，正泰公司偿还上月货款 11700 元，已存入银行，附件 1 张。
2．9 日，收到业务员张责出差余款 200 元。附件 2 张。
3．17 日，商业汇票（无息）到期，款项存入银行，面值 23400 元，附件 2 张。
4．22 日，收到正大公司投资款 200000 元，存入银行，附件 3 张。
5．25 日，收到出租包装物租金 300 元，附件 1 张。
6．27 日，收到出借包装箱押金 800 元。附件 1 张。
7．28 日，销售办公桌 500 张，每张 760 元，价税款已收到转账支票，附件 3 张。
8．31 日，销售已过时材料木板 15 张，每张 80 元，收到现金，附件 2 张。

任务处理

根据收款凭证各项内容的填制要求，填制案例 3-1 中各项收款业务的记账凭证。

记账凭证 3-1

借方　　　　　　　　　　　　**收款凭证**

科目＿＿＿＿＿＿　　　　　　　　年　月　日　　　　　　　　字第　　号

摘要	贷方总账科目	明细科目	贷方金额										记账符号
			千	百	十	万	千	百	十	元	角	分	
合　计													

附单据　张

财务主管　　　　记账　　　　出纳　　　　审核　　　　制单

记账凭证 3-2

借方　　　　　　　　　　　　**收款凭证**

科目＿＿＿＿＿＿　　　　　　　　年　月　日　　　　　　　　字第　　号

摘要	贷方总账科目	明细科目	贷方金额										记账符号
			千	百	十	万	千	百	十	元	角	分	
合　计													

附单据　张

财务主管　　　　记账　　　　出纳　　　　审核　　　　制单

记账凭证 3-3

借方 **收 款 凭 证**

科目__________ 年 月 日 字第 号

摘要	贷方总账科目	明细科目	贷方金额										记账符号
			千	百	十	万	千	百	十	元	角	分	
合 计													

附单据 张

财务主管 记账 出纳 审核 制单

记账凭证 3-4

借方 **收 款 凭 证**

科目__________ 年 月 日 字第 号

摘要	贷方总账科目	明细科目	贷方金额										记账符号
			千	百	十	万	千	百	十	元	角	分	
合 计													

附单据 张

财务主管 记账 出纳 审核 制单

记账凭证 3-5

借方 **收款凭证**

科目______ 年 月 日 字第 号

摘要	贷方总账科目	明细科目	贷方金额										记账符号
			千	百	十	万	千	百	十	元	角	分	
合 计													

附单据 张

财务主管 记账 出纳 审核 制单

记账凭证 3-6

借方 **收款凭证**

科目______ 年 月 日 字第 号

摘要	贷方总账科目	明细科目	贷方金额										记账符号
			千	百	十	万	千	百	十	元	角	分	
合 计													

附单据 张

财务主管 记账 出纳 审核 制单

记账凭证　3-7

借方　　　　　　　　　　**收 款 凭 证**

科目＿＿＿＿＿＿　　　　　　年　月　日　　　　　　字第　　号

<table>
<tr><td rowspan="2">摘要</td><td rowspan="2">贷方总账科目</td><td rowspan="2">明细科目</td><td colspan="10">贷方金额</td><td rowspan="2">记账符号</td><td rowspan="8">附
单
据

张</td></tr>
<tr><td>千</td><td>百</td><td>十</td><td>万</td><td>千</td><td>百</td><td>十</td><td>元</td><td>角</td><td>分</td></tr>
<tr><td></td><td></td><td></td><td></td><td></td><td></td><td></td><td></td><td></td><td></td><td></td><td></td><td></td><td></td></tr>
<tr><td></td><td></td><td></td><td></td><td></td><td></td><td></td><td></td><td></td><td></td><td></td><td></td><td></td><td></td></tr>
<tr><td></td><td></td><td></td><td></td><td></td><td></td><td></td><td></td><td></td><td></td><td></td><td></td><td></td><td></td></tr>
<tr><td></td><td></td><td></td><td></td><td></td><td></td><td></td><td></td><td></td><td></td><td></td><td></td><td></td><td></td></tr>
<tr><td></td><td></td><td></td><td></td><td></td><td></td><td></td><td></td><td></td><td></td><td></td><td></td><td></td><td></td></tr>
<tr><td>合　计</td><td></td><td></td><td></td><td></td><td></td><td></td><td></td><td></td><td></td><td></td><td></td><td></td><td></td></tr>
</table>

财务主管　　　记账　　　出纳　　　审核　　　制单

记账凭证　3-8

借方　　　　　　　　　　**收 款 凭 证**

科目＿＿＿＿＿＿　　　　　　年　月　日　　　　　　字第　　号

<table>
<tr><td rowspan="2">摘要</td><td rowspan="2">贷方总账科目</td><td rowspan="2">明细科目</td><td colspan="10">贷方金额</td><td rowspan="2">记账符号</td><td rowspan="8">附
单
据

张</td></tr>
<tr><td>千</td><td>百</td><td>十</td><td>万</td><td>千</td><td>百</td><td>十</td><td>元</td><td>角</td><td>分</td></tr>
<tr><td></td><td></td><td></td><td></td><td></td><td></td><td></td><td></td><td></td><td></td><td></td><td></td><td></td><td></td></tr>
<tr><td></td><td></td><td></td><td></td><td></td><td></td><td></td><td></td><td></td><td></td><td></td><td></td><td></td><td></td></tr>
<tr><td></td><td></td><td></td><td></td><td></td><td></td><td></td><td></td><td></td><td></td><td></td><td></td><td></td><td></td></tr>
<tr><td></td><td></td><td></td><td></td><td></td><td></td><td></td><td></td><td></td><td></td><td></td><td></td><td></td><td></td></tr>
<tr><td></td><td></td><td></td><td></td><td></td><td></td><td></td><td></td><td></td><td></td><td></td><td></td><td></td><td></td></tr>
<tr><td>合　计</td><td></td><td></td><td></td><td></td><td></td><td></td><td></td><td></td><td></td><td></td><td></td><td></td><td></td></tr>
</table>

财务主管　　　记账　　　出纳　　　审核　　　制单

任务二　付款凭证的填制

任务案例

案例 3-2　鸿儒木器有限责任公司 2017 年度 12 月份发生以下付款业务，要求根据审核无误的原始凭证（原始凭证略），填制付款凭证的各项内容。

1. 1 日，提取现金 1000 元，以备零星开支，附件 1 张。
2. 5 日，用现金 50 元购买行政办公用品，附件 2 张。
3. 10 日，用银行存款支付当月电话费 1200 元，附件 2 张。
4. 20 日，购进甲材料 1000 公斤，每公斤 10 元，共计 10000 元，进项税额 1700 元，材料已入库，款项已通过银行存款支付，附件 4 张。
5. 29 日，业务员张游预借差旅费 800 元，支付现金，附件 1 张。
6. 30 日，支付广告费 5000 元，签发转账支票一张，附件 2 张。
7. 31 日，通过银行支付本月职工工资 50000 元，附件 1 张。

任务处理

根据付款凭证各项内容的填制要求，填制案例 3-2 中各项付款业务的记账凭证，填制完毕后，按要求整理会计凭证。

记账凭证　3-9

付 款 凭 证

贷方

科目________　　　　年　月　日　　　　字第　　号

摘要	借方总账科目	明细科目	借方金额										记账符号
			千	百	十	万	千	百	十	元	角	分	
合　计													

附单据　　张

财务主管　　记账　　出纳　　审核　　制单

记账凭证　3-10

贷方　　　　　　　　**付款凭证**

科目__________　　　　年　月　日　　　　字第　号

摘要	借方总账科目	明细科目	借方金额										记账符号
			千	百	十	万	千	百	十	元	角	分	
合　计													

附单据　张

财务主管　　记账　　出纳　　审核　　制单

记账凭证　3-11

贷方　　　　　　　　**付款凭证**

科目__________　　　　年　月　日　　　　字第　号

摘要	借方总账科目	明细科目	借方金额										记账符号
			千	百	十	万	千	百	十	元	角	分	
合　计													

附单据　张

财务主管　　记账　　出纳　　审核　　制单

记账凭证 3-12

贷方 **付款凭证**

科目________ 年 月 日 字第 号

摘要	借方总账科目	明细科目	借方金额										记账符号
			千	百	十	万	千	百	十	元	角	分	
合 计													

附单据 张

财务主管 记账 出纳 审核 制单

记账凭证 3-13

贷方 **付款凭证**

科目________ 年 月 日 字第 号

摘要	借方总账科目	明细科目	借方金额										记账符号
			千	百	十	万	千	百	十	元	角	分	
合 计													

附单据 张

财务主管 记账 出纳 审核 制单

记账凭证　3-14

贷方　　　　　　　　　　**付款凭证**

科目＿＿＿＿＿＿　　　　　　年　月　日　　　　　　字第　　号

摘要	借方总账科目	明细科目	借方金额										记账符号
			千	百	十	万	千	百	十	元	角	分	
合　计													

附单据　张

财务主管　　　记账　　　出纳　　　审核　　　制单

记账凭证　3-15

贷方　　　　　　　　　　**付款凭证**

科目＿＿＿＿＿＿　　　　　　年　月　日　　　　　　字第　　号

摘要	借方总账科目	明细科目	借方金额										记账符号
			千	百	十	万	千	百	十	元	角	分	
合　计													

附单据　张

财务主管　　　记账　　　出纳　　　审核　　　制单

任务三　转账凭证的填制

任务案例

案例 3-3　鸿儒木器有限责任公司 2017 年度 12 月份发生以下转账业务，要求根据审核无误的原始凭证（原始凭证略），填制转账凭证的各项内容。

1．3 日，销售商品 20000 元，销项税 3400 元，货款尚未收到，附件 3 张。

2．15 日，采购木板 1000 张，每张 90 元，签发一张 6 个月的商业汇票，附件 2 张。

3．31 日，计提本月折旧费，车间 2000 元，管理部门 1500 元，附件 1 张。

4．31 日，计提坏账准备 2000 元，附件 1 张。

5．31 日，销售部李平报销差旅费 800 元，附件 3 张。

6．31 日，结转已售商品成本 20000 元，附件 1 张。

7．31 日，计提本月职工工资，其中车间生产工人 20000 元，管理人员 5000 元，附件 1 张。

任务处理

根据转账凭证各项内容的填制要求，填制案例 3-3 中各项转账业务的记账凭证，填制完毕后，按要求整理会计凭证。

记账凭证　3-16

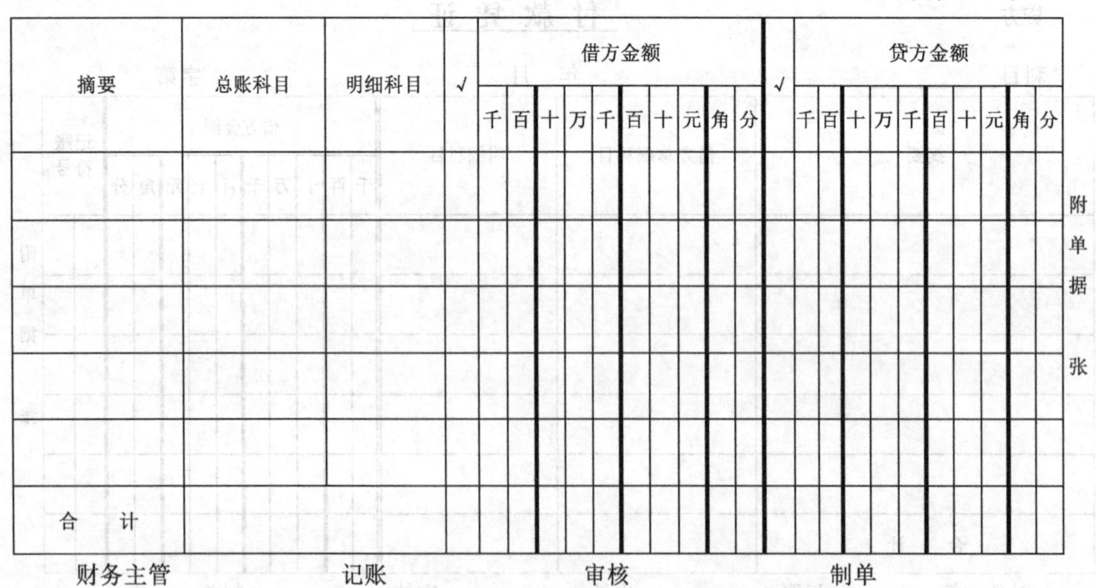

转 账 凭 证

年　月　日　　　　　　字第　　号

摘要	总账科目	明细科目	√	借方金额										√	贷方金额									
				千	百	十	万	千	百	十	元	角	分		千	百	十	万	千	百	十	元	角	分
合　计																								

附单据　张

财务主管　　记账　　审核　　制单

记账凭证　3-17

转账凭证

年　月　日　　　　　　　　　字第　　号

摘要	总账科目	明细科目	√	借方金额										√	贷方金额									
				千	百	十	万	千	百	十	元	角	分		千	百	十	万	千	百	十	元	角	分
合　计																								

附单据　　张

财务主管　　　　记账　　　　审核　　　　制单

记账凭证　3-18

转账凭证

年　月　日　　　　　　　　　字第　　号

摘要	总账科目	明细科目	√	借方金额										√	贷方金额									
				千	百	十	万	千	百	十	元	角	分		千	百	十	万	千	百	十	元	角	分
合　计																								

附单据　　张

财务主管　　　　记账　　　　审核　　　　制单

记账凭证 3-19

转账凭证

年 月 日　　　　　　　　字第　　号

摘要	总账科目	明细科目	√	借方金额										√	贷方金额								
				千	百	十	万	千	百	十	元	角	分		千	百	十	万	千	百	十	元	角	分
合　计																								

附单据　张

财务主管　　记账　　审核　　制单

记账凭证 3-20

转账凭证

年 月 日　　　　　　　　字第　　号

摘要	总账科目	明细科目	√	借方金额										√	贷方金额								
				千	百	十	万	千	百	十	元	角	分		千	百	十	万	千	百	十	元	角	分
合　计																								

附单据　张

财务主管　　记账　　审核　　制单

记账凭证 3-21

转账凭证

年 月 日　　　　　　　　字第 号

摘要	总账科目	明细科目	√	借方金额										√	贷方金额									
				千	百	十	万	千	百	十	元	角	分		千	百	十	万	千	百	十	元	角	分
合 计																								

附单据 张

财务主管　　　　记账　　　　审核　　　　制单

记账凭证 3-22

转账凭证

年 月 日　　　　　　　　字第 号

摘要	总账科目	明细科目	√	借方金额										√	贷方金额									
				千	百	十	万	千	百	十	元	角	分		千	百	十	万	千	百	十	元	角	分
合 计																								

附单据 张

财务主管　　　　记账　　　　审核　　　　制单

任务四　记账凭证的填制

任务案例

案例 3-4　鸿儒木器有限责任公司 2017 年度 12 月份发生以下经济业务，要求根据审核无误的原始凭证（原始凭证略），填制记账凭证的各项内容。

1．1 日，提取现金 1000 元，以备零星开支，附件 1 张。

2．10 日，用银行存款支付当月电话费 1200 元，附件 2 张。

3．19 日，收到业务员张责出差余款 200 元。附件 1 张。

4．31 日，结转本年利润，主营业务收入 200000 元，主营业务成本 120000 元，管理费用 10000 元，销售费用 20000 元，财务费用 2000 元，营业外收入 1000 元，附件 1 张。

任务处理

根据通用记账凭证各项内容的填制要求，填制案例 3-4 中各项经济业务的记账凭证，填制完毕后，按要求整理会计凭证。

记账凭证　3-23

记 账 凭 证

年　月　日　　　　　　凭证号________

摘要	总账科目	明细科目	√	借方金额										√	贷方金额										
				千	百	十	万	千	百	十	元	角	分		千	百	十	万	千	百	十	元	角	分	
																									附
																									单
																									据
																									张
合　计																									

财务主管　　记账　　审核　　出纳　　制单

记账凭证　3-24

记 账 凭 证

年　月　日　　　　　　　　凭证号________

摘要	总账科目	明细科目	√	借方金额										√	贷方金额								
				千	百	十	万	千	百	十	元	角	分		千	百	十	万	千	百	十	元	角	分
合　计																							

附单据　张

财务主管　　记账　　审核　　出纳　　制单

记账凭证　3-25

记 账 凭 证

年　月　日　　　　　　　　凭证号________

摘要	总账科目	明细科目	√	借方金额										√	贷方金额								
				千	百	十	万	千	百	十	元	角	分		千	百	十	万	千	百	十	元	角	分
合　计																							

附单据　张

财务主管　　记账　　审核　　出纳　　制单

记账凭证 3-26

记账凭证

年 月 日 凭证号________

摘要	总账科目	明细科目	√	借方金额										√	贷方金额									
				千	百	十	万	千	百	十	元	角	分		千	百	十	万	千	百	十	元	角	分
合 计																								

附单据 张

财务主管 记账 审核 出纳 制单

记账凭证 3-27

记账凭证

年 月 日 凭证号________

摘要	总账科目	明细科目	√	借方金额										√	贷方金额									
				千	百	十	万	千	百	十	元	角	分		千	百	十	万	千	百	十	元	角	分
合 计																								

附单据 张

财务主管 记账 审核 出纳 制单

任务五　记账凭证的审核

任务案例

案例 3-5 鸿儒木器有限责任公司 2017 年度 12 月份发生以下经济业务，已根据审核无误的原始凭证填制了相关的记账凭证，根据记账凭证各个项目的填制要求，审核记账凭证是否正确，并对错误的记账凭证进行更正。（企业的审核人员：沈荷，财务主管：李财）

1．1 日，提取现金 1000 元，以备零星开支，附件 1 张，已填制的记账凭证如记账凭证 3-28 所示。

2．2 日，正泰公司偿还上月货款 585000 元，已存入银行，附件 2 张，已填制的记账凭证如记账凭证 3-29 所示。

3．3 日，销售商品 20000 元，销项税 3400 元，货款尚未收到，附件 3 张，已填制的记账凭证如记账凭证 3-30 所示。

4．9 日，张兰预借差旅费 1200 元，签发支票一张，附件 2 张，已填制的记账凭证如记账凭证 3-31 所示。

5．10 日，用银行存款支付电话费 1200 元，附件 2 张，已填制的记账凭证如记账凭证 3-32 所示。

6．10 日，用银行存款偿还 A 公司欠款 11200 元，附件 2 张，已填制的记账凭证如记账凭证 3-33 所示。

7．25 日，收到 B 公司偿还货款 858000 元，存入银行，附件 2 张，已填制的记账凭证如记账凭证 3-34 所示。

8．31 日，计提坏账准备 2000 元，附件 1 张，已填制的记账凭证如记账凭证 3-35 所示。

记账凭证　3-28

借方　　　　**收 款 凭 证**

科目 现金　　　　2017 年 12 月 1 日　　　　现收字第 0001 号

摘要	贷方总账科目	明细科目	贷方金额 千	百	十	万	千	百	十	元	角	分	记账符号
提取现金以备零星开支	银行存款						1	0	0	0	0	0	
合　计						¥	1	0	0	0	0	0	

附单据 1 张

财务主管　　记账　　出纳 田野　　审核　　制单 刘钱

记账凭证　3-29

借方　　　　　　　　　　**收款凭证**

科目　银行存款　　　　　　2017年12月2日　　　　　　银收字第0001号

摘要	贷方总账科目	明细科目	贷方金额										记账符号
			千	百	十	万	千	百	十	元	角	分	
收到前欠款项	应收账款	正泰公司				8	5	8	0	0	0	0	
合　计					¥	8	5	8	0	0	0	0	

附单据2张

财务主管　　　记账　　　出纳 田野　　　审核　　　制单 刘钱

记账凭证　3-30

转账凭证

2017年12月3日　　　　　　转字第0001号

摘要	总账科目	明细科目	√	借方金额										√	贷方金额									
				千	百	十	万	千	百	十	元	角	分		千	百	十	万	千	百	十	元	角	分
销售商品	应收账款						2	3	4	0	0	0	0											
款项未收	主营业务收入																	2	0	0	0	0	0	0
	应交税费	应交增值税（销项税额）																	3	4	0	0	0	0
合　计																								

附单据3张

财务主管　　　　　记账　　　　　审核　　　　　制单 李计

记账凭证　3-31

贷方

付款凭证

科目 银行存款　　　　2017年12月9日　　　　银付字第0001号

摘要	借方总账科目	明细科目	借方金额										记账符号
			千	百	十	万	千	百	十	元	角	分	
预借差旅费	其他应收款						1	2	0	0	0	0	
合　计						¥	1	2	0	0	0	0	

附单据 2 张

财务主管　　记账　　出纳　　审核　　制单 刘钱

记账凭证　3-32

贷方

付款凭证

科目 银行存款　　　　2017年12月10日　　　　银付字第0002号

摘要	借方总账科目	明细科目	借方金额										记账符号
			千	百	十	万	千	百	十	元	角	分	
支付电话费	管理费用	电话费					1	2	0	0	0	0	
合　计						¥	1	2	0	0	0	0	

附单据　张

财务主管　　记账　　出纳　　审核　　制单 刘钱

记账凭证 3-33

贷方

付款凭证

科目 银行存款　　2017年12月10日　　银付字第0003号

摘要	借方总账科目	明细科目	借方金额 千	百	十	万	千	百	十	元	角	分	记账符号
偿还前欠货款	应付账款	A公司				1	1	2	0	0	0	0	
合计						1	1	2	0	0	0	0	

附单据 2 张

财务主管　　记账　　出纳　　审核　　制单 刘钱

记账凭证 3-34

借方

收款凭证

科目 银行存款　　2017年12月25日　　银收字第0002号

摘要	贷方总账科目	明细科目	贷方金额 千	百	十	万	千	百	十	元	角	分	记账符号
收到前欠款项	应收账款	B公司				8	5	8	0	0	0	0	
合计					¥	8	5	8	0	0	0	0	

附单据 2 张

财务主管　　记账　　出纳 田野　　审核　　制单

记账凭证　3-35

转 账 凭 证

2017年12月31日　　　　转字第0002号

摘要	总账科目	明细科目	√	借方金额										√	贷方金额									
				千	百	十	万	千	百	十	元	角	分		千	百	十	万	千	百	十	元	角	分
计提	管理费用							2	0	0	0	0	0											
坏账准备	坏账准备																		2	0	0	0	0	0
合　计							¥	2	0	0	0	0	0					¥	2	0	0	0	0	0

附单据1张

财务主管　　记账　　审核　　制单 李计

任务处理

根据记账凭证各项内容的填制要求，审核案例3-4中各记账凭证填制是否正确，错误部分在原凭证中画出，并填制正确的记账凭证，所需记账凭证见记账凭证3-36至记账凭证3-43。

记账凭证　3-36

借方

收 款 凭 证

科目＿＿＿＿＿　　　　年　月　日　　　　字第　　号

摘要	贷方总账科目	明细科目	贷方金额										记账符号
			千	百	十	万	千	百	十	元	角	分	
合　计													

附单据　张

财务主管　　记账　　出纳　　审核　　制单

记账凭证　3-37

收款凭证

借方

科目________　　　　　　　　年　月　日　　　　　　　　字第　　号

摘要	贷方总账科目	明细科目	贷方金额										记账符号
			千	百	十	万	千	百	十	元	角	分	
合　计													

附单据　张

财务主管　　记账　　出纳　　审核　　制单

记账凭证　3-38

转账凭证

年　月　日　　　　　　　　字第　　号

摘要	总账科目	明细科目	√	借方金额										√	贷方金额									
				千	百	十	万	千	百	十	元	角	分		千	百	十	万	千	百	十	元	角	分
合　计																								

附单据　张

财务主管　　记账　　审核　　制单

记账凭证　3-39

贷方　　付款凭证

科目＿＿＿＿＿　　年　月　日　　字第　号

摘要	借方总账科目	明细科目	借方金额										记账符号
			千	百	十	万	千	百	十	元	角	分	
合　计													

附单据　张

财务主管　　记账　　出纳　　审核　　制单

记账凭证　3-40

贷方　　付款凭证

科目＿＿＿＿＿　　年　月　日　　字第　号

摘要	借方总账科目	明细科目	借方金额										记账符号
			千	百	十	万	千	百	十	元	角	分	
合　计													

附单据　张

财务主管　　记账　　出纳　　审核　　制单

记账凭证 3-41

贷方

付款凭证

科目____________　　　　年　月　日　　　　字第　　号

摘要	借方总账科目	明细科目	借方金额										记账符号	
			千	百	十	万	千	百	十	元	角	分		
														附
														单 据
														张
合　计														

财务主管　　记账　　出纳　　审核　　制单

记账凭证 3-42

借方

收款凭证

科目____________　　　　年　月　日　　　　字第　　号

摘要	贷方总账科目	明细科目	贷方金额										记账符号	
			千	百	十	万	千	百	十	元	角	分		
														附
														单 据
														张
合　计														

财务主管　　记账　　出纳　　审核　　制单

记账凭证　3-43

转 账 凭 证

年　月　日　　　　　　　　字第　　号

摘要	总账科目	明细科目	√	借方金额										√	贷方金额									
				千	百	十	万	千	百	十	元	角	分		千	百	十	万	千	百	十	元	角	分
合　计																								

附单据　　张

财务主管　　记账　　审核　　制单

任务六　记账凭证的装订

任务案例

案例 3-6　鸿儒木器有限责任公司 2017 年度 12 月份发生的经济业务，涉及的原始凭证已整理，所需的记账凭证已填制审核，其中收款业务如案例 3-1 所示，付款业务如案例 3-2 所示，转账业务如案例 3-3 所示，按要求整理记账凭证、装订会计凭证。

任务处理

会计凭证装订是指将整理完毕的会计凭证加上封面和封底，装订成册，并在装订线上加贴封签的一系列工作。科目汇总表的工作底稿也可以装订在内，作为科目汇总表的附件。使用计算机的企业，还应将转账凭证清单等装订在内。会计凭证不得跨月装订。记账凭证少的，可以一个月装订一本；一个月内凭证数量较多的，可装订成若干册，并在凭证封面上注明本月总计册数和本册数。采用科目汇总表会计核算形式的企业，原则上以一张科目汇总表及所附的记账凭证、原始凭证装订成一册，凭证少的，也可将若干张科目汇总表及相关记账凭证、原始凭证合并装订成一册。装订成册的会计凭证必须加盖封面，封面上应注明单位名称、年度、月份和起讫日期、凭证种类、起讫号码，由装订人在装订线封签外签名或者盖章。记账凭证封面如图 3-1 所示。

会计凭证封面

单位名称：
日期：自　　年　　月　　日起至　　年　　月　　日止
凭证号数：自　　号至　　号 凭证类别：
册数：　　本月共：　　册　本册是第　　册
原始凭证、汇总凭证张数：共　　张
全宗号：　　目录号：　　案卷号：
会计：　　复核：　　装订人：　　年　月　日装订

图 3-1　记账凭证封面

记账凭证一般按月分类别进行装订，序号每月一编。装订好的会计凭证厚度通常在 2.0cm 至 3.0cm 之间。装订凭证应使用棉线，结扣应是活的。并放在凭证封皮的里面，装订时尽可能缩小所占部位。使记账凭证及其附件保持尽可能大的显露面，以便于事后查阅。整理过程及效果如图 3-2～图 3-5 所示。

图 3-2　整理

图 3-3　打孔

图 3-4　穿线

图 3-5　记账凭证的装订效果

项目四　账簿的设置与登记

学习目标

1. 能正确设置与登记明细分类账。
2. 能正确设置与登记日记账。
3. 能正确设置与登记总分类账。
4. 会根据企业的情况选择合适的账务处理程序。

任务一　明细账的设置与登记

任务案例

案例 4-1　鸿儒木器有限责任公司的记账人员为张红，有关资料如下：

（一）应付账款期初余额（表 4-1）

表 4-1　应付账款余额表

2017 年 12 月 1 日

供应商名称	期初余额/元
上海厂	50000
广州厂	40000
天逸公司	125000
宏达公司	10000
鸿运有限公司	34000
合　计	259000

（二）应付账款当期业务

鸿儒木器有限责任公司 2017 年 12 月有关应付账款的相关业务，见记账凭证 4-1～记账凭证 4-5。

记账凭证　4-1

转 账 凭 证

2017 年 12 月 1 日　　　　转字第 0001 号

摘要	总账科目	明细科目	√	借方金额										√	贷方金额									
				千	百	十	万	千	百	十	元	角	分		千	百	十	万	千	百	十	元	角	分
偿还货款	应付账款	上海厂					1	5	0	0	0	0	0											
	短期借款																	1	5	0	0	0	0	0
合　计						¥	1	5	0	0	0	0	0				¥	1	5	0	0	0	0	0

附单据 2 张

账务主管：李财　　记账　　审核 沈荷　　制单 李计

记账凭证　4-2

付 款 凭 证

贷方

科目 银行存款　　2017 年 12 月 6 日　　银付字第 0006 号

摘要	借方总账科目	明细科目	借方金额										记账符号
			千	百	十	万	千	百	十	元	角	分	
偿还货款	应付账款	天远公司			1	2	5	0	0	0	0	0	
合　计				¥	1	2	5	0	0	0	0	0	

附单据 1 张

账务主管：李财　记账　　出纳 田野　　审核 沈荷　　制单 刘钱

记账凭证 4-3

付款凭证

贷方

科目 库存现金　　　　2017年12月11日　　　　现付字第0008号

摘要	借方总账科目	明细科目	借方金额 千	百	十	万	千	百	十	元	角	分	记账符号
偿还货款	应付账款	广州厂					1	0	0	0	0	0	
合　　计						¥	1	0	0	0	0	0	

附单据 1 张

账务主管：李财　记账　出纳 田野　审核 沈嵩　制单 刘钱

记账凭证 4-4

转账凭证

2017年 12月4日　　　　转字第0015号

摘要	总账科目	明细科目	√	借方金额 千	百	十	万	千	百	十	元	角	分	√	贷方金额 千	百	十	万	千	百	十	元	角	分
购入材料	原材料	A材料					1	2	0	0	0	0	0											
	应交税费	应交增值税（进项税额）						2	0	4	0	0	0											
	应付账款	宏达公司																1	4	0	4	0	0	0
合　　计						¥	1	4	0	4	0	0	0				¥	1	4	0	4	0	0	0

附单据 2 张

账务主管：李财　记账　审核 沈嵩　制单 李计

记账凭证 4-5

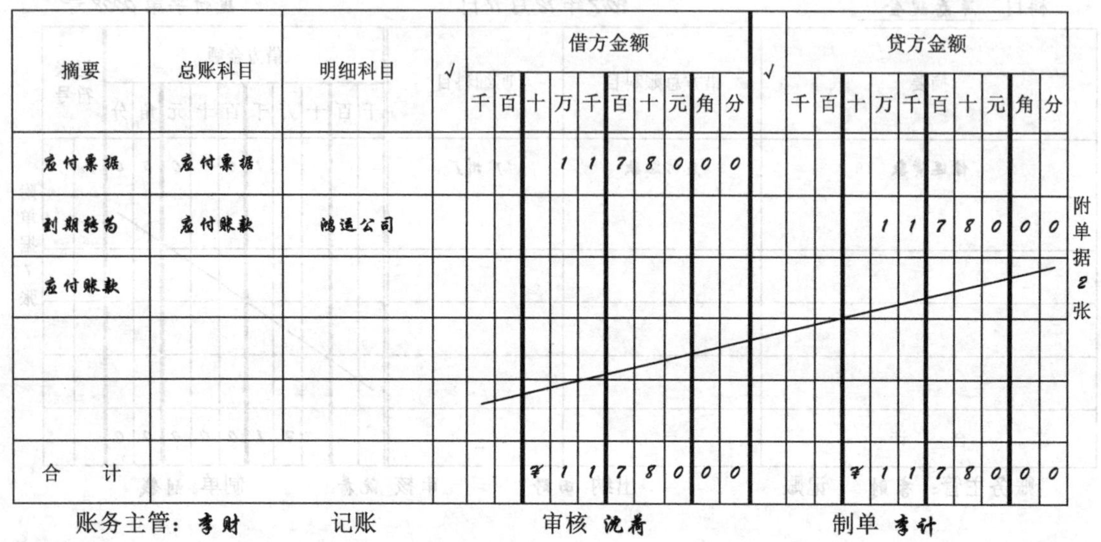

转账凭证

2017年12月20日 转字第0028号

摘要	总账科目	明细科目	√	借方金额	√	贷方金额
应付票据	应付票据			1178000		
到期转为	应付账款	鸿运公司				1178000
应付账款						
合计				¥1178000		¥1178000

附单据2张

账务主管：李财 记账 审核 沈肯 制单 李计

（三）应收账款期初余额（表 4-2）

表 4-2 应收账款余额表

2017年12月1日

客户名称	期初余额/元
北京中原公司	33000
上海绿苗厂	25500
达业公司	50000
北京公司	60000
红利公司	123000
合计	291500

（四）应收账款当期业务

鸿儒木器有限责任公司 2017 年 12 月有关应收账款的相关业务，见记账凭证 4-6～记账凭证 4-10。

记账凭证 4-6

收款凭证

借方科目 银行存款　　2017年12月3日　　银收字第0002号

摘要	贷方总账科目	明细科目	千	百	十	万	千	百	十	元	角	分	记账符号
收回货款	应收账款	北京中原				3	3	0	0	0	0	0	
合　计					¥	3	3	0	0	0	0	0	

附单据 1 张

账务主管：李财　记账　出纳 田野　审核 沈青　制单 刘钱

记账凭证 4-7

收款凭证

借方科目 银行存款　　2017年12月11日　　银收字第0008号

摘要	贷方总账科目	明细科目	千	百	十	万	千	百	十	元	角	分	记账符号
收回货款	应收账款	达业公司				2	2	0	0	0	0	0	
合　计					¥	2	2	0	0	0	0	0	

附单据 1 张

账务主管：李财　记账　出纳 田野　审核 沈青　制单 刘钱

记账凭证 4-8

转账凭证

2017年 12月 18日　　　　　　　　　　转字第 0022 号

摘要	总账科目	明细科目	√	借方金额										√	贷方金额									
				千	百	十	万	千	百	十	元	角	分		千	百	十	万	千	百	十	元	角	分
销售商品	应收账款	红利公司				1	2	8	7	0	0	0	0											
款项未收	主营业务收入	甲产品															1	1	0	0	0	0	0	0
	应交税费	应交增值税（销项税额）																1	8	7	0	0	0	0
合　计					¥	1	2	8	7	0	0	0	0			¥	1	2	8	7	0	0	0	0

附单据 2 张

账务主管：李财　　记账　　审核 沈青　　制单 刘钱

记账凭证 4-9

借方

收款凭证

科目 银行存款　　　　2017年 12月 27日　　　　银收字第 0016 号

摘要	贷方总账科目	明细科目	贷方金额										记账符号
			千	百	十	万	千	百	十	元	角	分	
收回货款	应收账款	红利公司			1	2	3	0	0	0	0	0	
合　计				¥	1	2	3	0	0	0	0	0	

附单据 1 张

账务主管：李财　　记账　　出纳 田野　　审核 沈青　　制单 刘钱

记账凭证　4-10

借方　　　　　　　　　　　　**收 款 凭 证**

科目 银行存款　　　　　2017 年 12 月 28 日　　　　　银收字第 0018 号

摘要	贷方总账科目	明细科目	贷方金额										记账符号
			千	百	十	万	千	百	十	元	角	分	
收回货款	应收账款	上海绿苗				2	0	0	0	0	0	0	
合　计					¥	2	0	0	0	0	0	0	

附单据 1 张

账务主管：李财　　记账　　　　出纳 田野　　审核 沈荷　　制单 刘钱

（五）原材料期初余额（表 4-3）

表 4-3　原材料余额表

2017 年 12 月 1 日

原材料名称	期初数量/公斤	单价/（元/公斤）	期初余额/元
A 材料	100	50	5000
B 材料	150	60	9000
C 材料	300	80	24000
合　计			38000

（六）原材料当期业务

鸿儒木器有限责任公司 2017 年 12 月有关原材料的相关业务，见记账凭证 4-11 至记账凭证 4-12。

记账凭证 4-11

付款凭证

贷方科目 银行存款　　　　2017年12月1日　　　　银付字第0002号

摘要	借方总账科目	明细科目	借方金额 千	百	十	万	千	百	十	元	角	分	记账符号
购入材料	原材料	A材料				1	1	0	0	0	0	0	
		C材料					7	5	0	0	0	0	
	应交税费	应交增值税（进项税额）					3	1	4	5	0	0	
合　计					¥	2	1	6	4	5	0	0	

附单据 1 张

账务主管：李财　　记账　　出纳 田野　　审核 沈肴　　制单 刘钱

记账凭证 4-12

转账凭证

2017年12月25日　　　　转字第0030号

摘要	总账科目	明细科目	√	借方金额 千	百	十	万	千	百	十	元	角	分	√	贷方金额 千	百	十	万	千	百	十	元	角	分
领用材料	生产成本	甲产品					3	0	6	0	0	0	0											
	管理部门							3	9	0	0	0	0											
	销售部门							4	6	8	0	0	0											
	原材料	A材料																	7	8	0	0	0	0
		B材料																	7	2	0	0	0	0
		C材料																2	4	1	8	0	0	0
合　计						¥	3	9	1	8	0	0	0				¥	3	9	1	8	0	0	0

附单据 1 张

账务主管：李财　　记账　　审核 沈肴　　制单 李计

任务处理

一、建账

根据各明细账的期初情况，为各明细账建账。

1．应付账款明细账，建账所需账页如账 4-1～账 4-5 所示。

账 4-1

户名__________　　　　备注__________

年		记账凭证		摘要	页数	借方											√	贷方											√	借或贷	余额											√
月	日	字	号			亿	千	百	十	万	千	百	十	元	角	分		亿	千	百	十	万	千	百	十	元	角	分			亿	千	百	十	万	千	百	十	元	角	分	

账 4-2

户名__________　　　　备注__________

年		记账凭证		摘要	页数	借方											√	贷方											√	借或贷	余额											√
月	日	字	号			亿	千	百	十	万	千	百	十	元	角	分		亿	千	百	十	万	千	百	十	元	角	分			亿	千	百	十	万	千	百	十	元	角	分	

账 4-3

户名__________ 备注__________

年		记账凭证		摘要	页数	借方											√	贷方											√	借或贷	余额											√
月	日	字	号			亿	千	百	十	万	千	百	十	元	角	分		亿	千	百	十	万	千	百	十	元	角	分			亿	千	百	十	万	千	百	十	元	角	分	

账 4-4

户名__________ 备注__________

年		记账凭证		摘要	页数	借方											√	贷方											√	借或贷	余额											√
月	日	字	号			亿	千	百	十	万	千	百	十	元	角	分		亿	千	百	十	万	千	百	十	元	角	分			亿	千	百	十	万	千	百	十	元	角	分	

账 4-5

户名__________ 备注__________

年		记账凭证		摘要	页数	借方											√	贷方											√	借或贷	余额											√
月	日	字	号			亿	千	百	十	万	千	百	十	元	角	分		亿	千	百	十	万	千	百	十	元	角	分			亿	千	百	十	万	千	百	十	元	角	分	

2．应收账款明细账，建账所需账页如账 4-6～账 4-10 所示。

账 4-6

户名________　　　　备注________

年		记账凭证		摘要	页数	借方											√	贷方											√	借或贷	余额											√
月	日	字	号			亿	千	百	十	万	千	百	十	元	角	分		亿	千	百	十	万	千	百	十	元	角	分			亿	千	百	十	万	千	百	十	元	角	分	

账 4-7

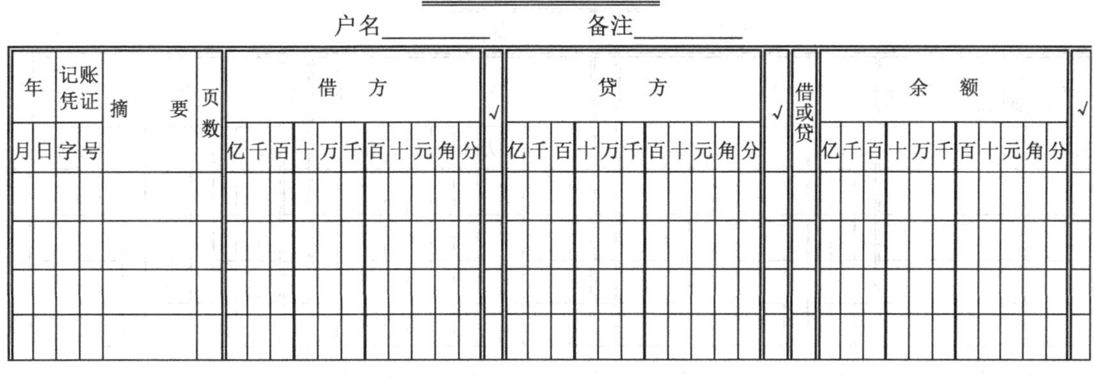

户名________　　　　备注________

年		记账凭证		摘要	页数	借方											√	贷方											√	借或贷	余额											√
月	日	字	号			亿	千	百	十	万	千	百	十	元	角	分		亿	千	百	十	万	千	百	十	元	角	分			亿	千	百	十	万	千	百	十	元	角	分	

账 4-8

户名________　　　　备注________

年		记账凭证		摘要	页数	借方											√	贷方											√	借或贷	余额											√
月	日	字	号			亿	千	百	十	万	千	百	十	元	角	分		亿	千	百	十	万	千	百	十	元	角	分			亿	千	百	十	万	千	百	十	元	角	分	

账 4-9

户名________ 备注________

年		记账凭证		摘要	页数	借方											√	贷方											√	借或贷	余额											√
月	日	字	号			亿	千	百	十	万	千	百	十	元	角	分		亿	千	百	十	万	千	百	十	元	角	分			亿	千	百	十	万	千	百	十	元	角	分	

账 4-10

户名________ 备注________

年		记账凭证		摘要	页数	借方											√	贷方											√	借或贷	余额											√
月	日	字	号			亿	千	百	十	万	千	百	十	元	角	分		亿	千	百	十	万	千	百	十	元	角	分			亿	千	百	十	万	千	百	十	元	角	分	

3．原材料明细账，建账所需账页如账 4-11～账 4-13 所示。

账 4-11

货号______________品名__________计数单位______________备注______________

年		记账凭证		摘要	借方													贷方													结存												
					数量	单价	金额											数量	单价	金额											数量	单价	金额										
月	日	字	号				亿	千	百	十	万	千	百	十	元	角	分			亿	千	百	十	万	千	百	十	元	角	分			亿	千	百	十	万	千	百	十	元	角	分

账 4-12

____

货号__________ 品名__________ 计数单位__________ 备注__________

年		记账凭证		摘要	借方													贷方													结存												
					数量	单价	金额											数量	单价	金额											数量	单价	金额										
月	日	字	号				亿	千	百	十	万	千	百	十	元	角	分			亿	千	百	十	万	千	百	十	元	角	分			亿	千	百	十	万	千	百	十	元	角	分

账 4-13

____

货号__________ 品名__________ 计数单位__________ 备注__________

年		记账凭证		摘要	借方													贷方													结存												
					数量	单价	金额											数量	单价	金额											数量	单价	金额										
月	日	字	号				亿	千	百	十	万	千	百	十	元	角	分			亿	千	百	十	万	千	百	十	元	角	分			亿	千	百	十	万	千	百	十	元	角	分

二、登记明细账

根据经济业务内容，填制会计凭证并将所填凭证交由审核人员进行审核，根据审核无误的会计凭证登记各明细账，账页见账 4-1～账 4-13。

任务二　日记账的设置与登记

任务案例

案例 4-2 鸿儒木器有限责任公司相关资料如下：

（一）库存现金期初余额及当期业务

1．2017 年 12 月 1 日现金日记账余额为 500 元。

2．2017 年 12 月份发生了以下有关现金收支业务（记账凭证略）：

（1）3 日，签发现金支票，从银行提取现金 1000 元备用，银付字 1 号。

（2）3 日，管理人员李山参加业务讨论会，预借差旅费 800 元，现付字 1 号。

（3）8 日，收到押金 200 元，现收字 1 号。

（4）8 日，李山交回差旅费余额 250 元，报销 750 元，现收字 2 号。

（5）15 日，公司售出废旧报纸、杂志，收到现金 200 元，现收字 3 号。

（6）15 日，支付办公用品费用 850 元，现付字 2 号。

（7）25 日，从银行提取现金 600 元，银付字 2 号。

（8）26 日，销售人员王元预借差旅费 900 元，现付字 3 号。

（9）30 日，收到租金 500 元，现收字 4 号。

（10）30 日，收到废料销售收入 800 元，现收字 5 号。

（二）银行存款期初余额及当期业务

1．2017 年 12 月 1 日银行存款日记账余额为 80000 元。

2．2017 年 12 月份发生了以下有关银行存款业务（记账凭证略）：

（1）3 日，报销管理人员的差旅费 1000 元，签发现金支票一张，银付字 1 号。

（2）3 日，把现金 5000 元存入银行，现付字 1 号。

（3）8 日，从银行提取现金 23000 元，备发工资，银付字 2 号。

（4）8 日，商业承兑汇票到期，收到票据款 50000 元，银收字 1 号。

（5）15 日，采购 A 材料一批，货款 15000 元，进项税 2550 元，款项已通过银行转账支付，银付字 3 号。

（6）15 日，采购 B 材料一批，货款是 20000 元，进项税 3400 元，签发转账支票一张支付款项，银付字 4 号。

（7）25 日，以银行存款支付水电费 1500 元，银付字 5 号。

（8）26 日，销售甲产品一批，货款为 30000 元，销项税 5100 元，款项已收到并存入银行，银收字 2 号。

（9）30 日，南方公司存入投资款 100000 元，银收字 3 号。

（10）30 日，收到转账支票一张，系 A 公司偿还货款 1020 元，银收字 4 号。

任务处理

一、建账

根据现金与银行存款日记账的期初情况，为企业建立日记账。现金日记账，建账所需账页如账 4-14 所示；银行存款日记账，建账所需账页如账 4-15 所示。

账 4-14

现金日记账

年		记账凭证		摘要	对方科目	借方											贷方											借或贷	余额										
月	日	字	号			亿	千	百	十	万	千	百	十	元	角	分	亿	千	百	十	万	千	百	十	元	角	分		亿	千	百	十	万	千	百	十	元	角	分

账 4-15

银行存款日记账

账号__________

年		记账凭证		摘要	对方科目	现金支票号码	转账支票号码	借方											贷方											借或贷	余额										
月	日	字	号					亿	千	百	十	万	千	百	十	元	角	分	亿	千	百	十	万	千	百	十	元	角	分		亿	千	百	十	万	千	百	十	元	角	分

二、登记日记账

根据经济业务内容，填制会计凭证并将所填凭证交由审核人员进行审核，根据审核无误的现金、银行存款收付款凭证及原始凭证（会计凭证略）登记现金日记账、银行存款日记账，账页见账 4-14、账 4-15。

任务三 总分类账的设置与登记

任务案例

案例 4-3 鸿儒木器有限责任公司相关资料如下：

（一）期初余额（表 4-4）

表 4-4 科目余额表

2017 年 12 月 1 日 （单位：元）

会计科目	期初余额（借）	会计科目	期初余额（贷）
库存现金	5000	实收资本	6000000
银行存款	2000000	资本公积	500000
原材料	705000	应付账款	100000
固定资产	4000000	短期借款	100000
累计折旧	5000（贷）	应交税费	5000
合计	6705000	合计	6705000

（二）2017 年 12 月份经济业务（记账凭证略）

1．4 日，从银行借款 10000 元，直接归还所欠货款，转字 1 号。

2．5 日，向宏达公司购入 A 材料 5000 公斤，每公斤单价 50 元，进项税额 42500 元，款项未支付，材料已入库，转字 2 号。（采用实际成本法核算）

3．10 日，采购员刘平预借差旅费 2000 元，以现金支付，现付字 1 号。

4．11 日，用银行存款偿还宏达公司货款 292500 元，银付字 1 号。

5．13 日，刘平报销差旅费 2500 元，多余款项 500 元退回，现收字 1 号、转字 3 号。

6．25 日，从银行提取现金 270000 元，以备发放工资，银付字 2 号。

7. 28 日，分配本月职工工资，其中生产工人工资 180000 元，车间管理人员工资 30000 元，厂部管理人员工资 60000 元，转字 4 号。

8．30 日，发放职工工资，现付字 2 号。

9．31 日，经批准，将资本公积 500000 元，转为实收资本，转字 5 号。

10.31 日，按照规定计提本月固定资产折旧 50000 元，其中生产车间固定资产折旧 40000 元，厂部固定资产折旧 10000 元，转字 6 号。

任务处理

一、按记账凭证账务处理程序登记总账

（一）建账

根据科目余额表，为企业建立总账。建账所需账页，如账 4-16～账 4-30 所示。

账 4-16

总　分　类　账

科目名称__________

年		记账凭证		摘要	借方											贷方											借或贷	余额										
月	日	字	号		亿	千	百	十	万	千	百	十	元	角	分	亿	千	百	十	万	千	百	十	元	角	分		亿	千	百	十	万	千	百	十	元	角	分

账 4-17

总　分　类　账

科目名称__________

年		记账凭证		摘要	借方											贷方											借或贷	余额										
月	日	字	号		亿	千	百	十	万	千	百	十	元	角	分	亿	千	百	十	万	千	百	十	元	角	分		亿	千	百	十	万	千	百	十	元	角	分

账 4-18

总 分 类 账

科目名称________

年		记账凭证		摘要	借方											贷方											借或贷	余额										
月	日	字	号		亿	千	百	十	万	千	百	十	元	角	分	亿	千	百	十	万	千	百	十	元	角	分		亿	千	百	十	万	千	百	十	元	角	分

账 4-19

总 分 类 账

科目名称________

年		记账凭证		摘要	借方											贷方											借或贷	余额										
月	日	字	号		亿	千	百	十	万	千	百	十	元	角	分	亿	千	百	十	万	千	百	十	元	角	分		亿	千	百	十	万	千	百	十	元	角	分

账 4-20

总分类账

科目名称＿＿＿＿＿＿

年		记账凭证		摘要	借方											贷方											借或贷	余额										
月	日	字	号		亿	千	百	十	万	千	百	十	元	角	分	亿	千	百	十	万	千	百	十	元	角	分		亿	千	百	十	万	千	百	十	元	角	分

账 4-21

总分类账

科目名称＿＿＿＿＿＿

年		记账凭证		摘要	借方											贷方											借或贷	余额										
月	日	字	号		亿	千	百	十	万	千	百	十	元	角	分	亿	千	百	十	万	千	百	十	元	角	分		亿	千	百	十	万	千	百	十	元	角	分

账 4-22

总 分 类 账

科目名称__________

年		记账凭证		摘要	借方											贷方											借或贷	余额										
月	日	字	号		亿	千	百	十	万	千	百	十	元	角	分	亿	千	百	十	万	千	百	十	元	角	分		亿	千	百	十	万	千	百	十	元	角	分

账 4-23

总 分 类 账

科目名称__________

年		记账凭证		摘要	借方											贷方											借或贷	余额										
月	日	字	号		亿	千	百	十	万	千	百	十	元	角	分	亿	千	百	十	万	千	百	十	元	角	分		亿	千	百	十	万	千	百	十	元	角	分

账 4-24

总 分 类 账

科目名称__________

年		记账凭证		摘要	借方											贷方											借或贷	余额										
月	日	字	号		亿	千	百	十	万	千	百	十	元	角	分	亿	千	百	十	万	千	百	十	元	角	分		亿	千	百	十	万	千	百	十	元	角	分

账 4-25

总 分 类 账

科目名称__________

年		记账凭证		摘要	借方											贷方											借或贷	余额										
月	日	字	号		亿	千	百	十	万	千	百	十	元	角	分	亿	千	百	十	万	千	百	十	元	角	分		亿	千	百	十	万	千	百	十	元	角	分

账 4-26

总 分 类 账

科目名称__________

年		记账凭证		摘要	借方											贷方											借或贷	余额										
月	日	字	号		亿	千	百	十	万	千	百	十	元	角	分	亿	千	百	十	万	千	百	十	元	角	分		亿	千	百	十	万	千	百	十	元	角	分

账 4-27

总 分 类 账

科目名称__________

年		记账凭证		摘要	借方											贷方											借或贷	余额										
月	日	字	号		亿	千	百	十	万	千	百	十	元	角	分	亿	千	百	十	万	千	百	十	元	角	分		亿	千	百	十	万	千	百	十	元	角	分

账 4-28

总分类账

科目名称＿＿＿＿＿＿

年		记账凭证		摘要	借方											贷方											借或贷	余额										
月	日	字	号		亿	千	百	十	万	千	百	十	元	角	分	亿	千	百	十	万	千	百	十	元	角	分		亿	千	百	十	万	千	百	十	元	角	分

账 4-29

总分类账

科目名称＿＿＿＿＿＿

年		记账凭证		摘要	借方											贷方											借或贷	余额										
月	日	字	号		亿	千	百	十	万	千	百	十	元	角	分	亿	千	百	十	万	千	百	十	元	角	分		亿	千	百	十	万	千	百	十	元	角	分

账 4-30

总分类账

科目名称__________

年		记账凭证		摘要	借方											贷方											借或贷	余额										
月	日	字	号		亿	千	百	十	万	千	百	十	元	角	分	亿	千	百	十	万	千	百	十	元	角	分		亿	千	百	十	万	千	百	十	元	角	分

（二）登记总账

根据经济业务内容填制会计凭证，并将所填凭证交由审核人员进行审核，根据审核无误的会计凭证（会计凭证略）登记总账，账页见账 4-16～账 4-30。

二、按科目汇总表账务处理程序登记总账

（一）建账

根据科目余额表，为企业建立总账，建账所需账页，如账 4-31～账 4 -45 所示。

账 4-31

总分类账

科目名称__________

年		记账凭证		摘要	借方											贷方											借或贷	余额										
月	日	字	号		亿	千	百	十	万	千	百	十	元	角	分	亿	千	百	十	万	千	百	十	元	角	分		亿	千	百	十	万	千	百	十	元	角	分

账 4-32

总分类账

科目名称__________

年		记账凭证		摘要	借方											贷方											借或贷	余额										
月	日	字	号		亿	千	百	十	万	千	百	十	元	角	分	亿	千	百	十	万	千	百	十	元	角	分		亿	千	百	十	万	千	百	十	元	角	分

账 4-33

总分类账

科目名称__________

年		记账凭证		摘要	借方											贷方											借或贷	余额										
月	日	字	号		亿	千	百	十	万	千	百	十	元	角	分	亿	千	百	十	万	千	百	十	元	角	分		亿	千	百	十	万	千	百	十	元	角	分

账 4-34

总分类账

科目名称__________

年		记账凭证		摘要	借方											贷方											借或贷	余额										
月	日	字	号		亿	千	百	十	万	千	百	十	元	角	分	亿	千	百	十	万	千	百	十	元	角	分		亿	千	百	十	万	千	百	十	元	角	分

账 4-35

总分类账

科目名称__________

年		记账凭证		摘要	借方											贷方											借或贷	余额										
月	日	字	号		亿	千	百	十	万	千	百	十	元	角	分	亿	千	百	十	万	千	百	十	元	角	分		亿	千	百	十	万	千	百	十	元	角	分

账 4-36

总 分 类 账

科目名称__________

年		记账凭证		摘要	借方											贷方											借或贷	余额										
月	日	字	号		亿	千	百	十	万	千	百	十	元	角	分	亿	千	百	十	万	千	百	十	元	角	分		亿	千	百	十	万	千	百	十	元	角	分

账 4-37

总 分 类 账

科目名称__________

年		记账凭证		摘要	借方											贷方											借或贷	余额										
月	日	字	号		亿	千	百	十	万	千	百	十	元	角	分	亿	千	百	十	万	千	百	十	元	角	分		亿	千	百	十	万	千	百	十	元	角	分

账 4-38

总分类账

科目名称＿＿＿＿＿＿

年		记账凭证		摘要	借方											贷方											借或贷	余额										
月	日	字	号		亿	千	百	十	万	千	百	十	元	角	分	亿	千	百	十	万	千	百	十	元	角	分		亿	千	百	十	万	千	百	十	元	角	分

账 4-39

总分类账

科目名称＿＿＿＿＿＿

年		记账凭证		摘要	借方											贷方											借或贷	余额										
月	日	字	号		亿	千	百	十	万	千	百	十	元	角	分	亿	千	百	十	万	千	百	十	元	角	分		亿	千	百	十	万	千	百	十	元	角	分

账 4-40

总分类账

科目名称＿＿＿＿＿＿

年		记账凭证		摘要	借方											贷方											借或贷	余额										
月	日	字	号		亿	千	百	十	万	千	百	十	元	角	分	亿	千	百	十	万	千	百	十	元	角	分		亿	千	百	十	万	千	百	十	元	角	分

账 4-41

总分类账

科目名称＿＿＿＿＿＿

年		记账凭证		摘要	借方											贷方											借或贷	余额										
月	日	字	号		亿	千	百	十	万	千	百	十	元	角	分	亿	千	百	十	万	千	百	十	元	角	分		亿	千	百	十	万	千	百	十	元	角	分

账 4-42

总分类账

科目名称________

年		记账凭证		摘要	借方											贷方											借或贷	余额										
月	日	字	号		亿	千	百	十	万	千	百	十	元	角	分	亿	千	百	十	万	千	百	十	元	角	分		亿	千	百	十	万	千	百	十	元	角	分

账 4-43

总分类账

科目名称________

年		记账凭证		摘要	借方											贷方											借或贷	余额										
月	日	字	号		亿	千	百	十	万	千	百	十	元	角	分	亿	千	百	十	万	千	百	十	元	角	分		亿	千	百	十	万	千	百	十	元	角	分

账 4-44

总 分 类 账

科目名称__________

年		记账凭证		摘要	借方											贷方											借或贷	余额										
月	日	字	号		亿	千	百	十	万	千	百	十	元	角	分	亿	千	百	十	万	千	百	十	元	角	分		亿	千	百	十	万	千	百	十	元	角	分

账 4-45

总 分 类 账

科目名称__________

年		记账凭证		摘要	借方											贷方											借或贷	余额										
月	日	字	号		亿	千	百	十	万	千	百	十	元	角	分	亿	千	百	十	万	千	百	十	元	角	分		亿	千	百	十	万	千	百	十	元	角	分

（二）编制科目汇总表

根据经济业务内容填制会计凭证，并将所填凭证交由审核人员进行审核，根据审核无误的会计凭证（会计凭证略）编制科目汇总表，如表4-5所示。

表4-5　科目汇总表

年　月　日　　　　　　　　　　（单位：　）

科目名称	本期发生额	
	借　方	贷　方

（三）登记总账

根据科目汇总表登记总账，账页见账4-31～账4-45。

三、按汇总记账凭证账务处理程序登记总账

（一）建账

根据科目余额表，为企业建立总账，建账所需账页，如账4-46～账4-50所示。

账 4-46

总分类账

科目名称＿＿＿＿＿＿

年		记账凭证		摘要	借方											贷方											借或贷	余额										
月	日	字	号		亿	千	百	十	万	千	百	十	元	角	分	亿	千	百	十	万	千	百	十	元	角	分		亿	千	百	十	万	千	百	十	元	角	分

账 4-47

总分类账

科目名称＿＿＿＿＿＿

年		记账凭证		摘要	借方											贷方											借或贷	余额										
月	日	字	号		亿	千	百	十	万	千	百	十	元	角	分	亿	千	百	十	万	千	百	十	元	角	分		亿	千	百	十	万	千	百	十	元	角	分

账 4-48

总分类账

科目名称__________

年		记账凭证		摘要	借方											贷方											借或贷	余额										
月	日	字	号		亿	千	百	十	万	千	百	十	元	角	分	亿	千	百	十	万	千	百	十	元	角	分		亿	千	百	十	万	千	百	十	元	角	分

账 4-49

总分类账

科目名称__________

年		记账凭证		摘要	借方											贷方											借或贷	余额										
月	日	字	号		亿	千	百	十	万	千	百	十	元	角	分	亿	千	百	十	万	千	百	十	元	角	分		亿	千	百	十	万	千	百	十	元	角	分

账 4-50

总 分 类 账

科目名称__________

年		记账凭证		摘要	借方											贷方											借或贷	余额										
月	日	字	号		亿	千	百	十	万	千	百	十	元	角	分	亿	千	百	十	万	千	百	十	元	角	分		亿	千	百	十	万	千	百	十	元	角	分

账 4-51

总 分 类 账

科目名称__________

年		记账凭证		摘要	借方											贷方											借或贷	余额										
月	日	字	号		亿	千	百	十	万	千	百	十	元	角	分	亿	千	百	十	万	千	百	十	元	角	分		亿	千	百	十	万	千	百	十	元	角	分

账 4-52

总 分 类 账

科目名称______

年		记账凭证		摘要	借方											贷方											借或贷	余额										
月	日	字	号		亿	千	百	十	万	千	百	十	元	角	分	亿	千	百	十	万	千	百	十	元	角	分		亿	千	百	十	万	千	百	十	元	角	分

账 4-53

总 分 类 账

科目名称______

年		记账凭证		摘要	借方											贷方											借或贷	余额										
月	日	字	号		亿	千	百	十	万	千	百	十	元	角	分	亿	千	百	十	万	千	百	十	元	角	分		亿	千	百	十	万	千	百	十	元	角	分

账 4-54

总 分 类 账

科目名称＿＿＿＿＿＿

年		记账凭证		摘　　要	借　　方											贷　　方											借或贷	余　　额										
月	日	字	号		亿	千	百	十	万	千	百	十	元	角	分	亿	千	百	十	万	千	百	十	元	角	分		亿	千	百	十	万	千	百	十	元	角	分

账 4-55

总 分 类 账

科目名称＿＿＿＿＿＿

年		记账凭证		摘　　要	借　　方											贷　　方											借或贷	余　　额										
月	日	字	号		亿	千	百	十	万	千	百	十	元	角	分	亿	千	百	十	万	千	百	十	元	角	分		亿	千	百	十	万	千	百	十	元	角	分

账 4-56

总 分 类 账

科目名称__________

年		记账凭证		摘 要	借 方											贷 方											借或贷	余 额										
月	日	字	号		亿	千	百	十	万	千	百	十	元	角	分	亿	千	百	十	万	千	百	十	元	角	分		亿	千	百	十	万	千	百	十	元	角	分

账 4-57

总 分 类 账

科目名称__________

年		记账凭证		摘 要	借 方											贷 方											借或贷	余 额										
月	日	字	号		亿	千	百	十	万	千	百	十	元	角	分	亿	千	百	十	万	千	百	十	元	角	分		亿	千	百	十	万	千	百	十	元	角	分

账 4-58

总 分 类 账

科目名称________

年		记账凭证		摘要	借方											贷方											借或贷	余额										
月	日	字	号		亿	千	百	十	万	千	百	十	元	角	分	亿	千	百	十	万	千	百	十	元	角	分		亿	千	百	十	万	千	百	十	元	角	分

账 4-59

总 分 类 账

科目名称________

年		记账凭证		摘要	借方											贷方											借或贷	余额										
月	日	字	号		亿	千	百	十	万	千	百	十	元	角	分	亿	千	百	十	万	千	百	十	元	角	分		亿	千	百	十	万	千	百	十	元	角	分

账 4-60

总 分 类 账

科目名称＿＿＿＿＿＿

年		记账凭证		摘要	借方											贷方											借或贷	余额										
月	日	字	号		亿	千	百	十	万	千	百	十	元	角	分	亿	千	百	十	万	千	百	十	元	角	分		亿	千	百	十	万	千	百	十	元	角	分

（二）编制汇总记账凭证

根据经济业务内容填制会计凭证，并将所填凭证交由审核人员进行审核，根据审核无误的会计凭证（会计凭证略）编制汇总记账凭证，所需会计凭证如汇总记账凭证 4-1～汇总记账凭证 4-9 所示。

汇总记账凭证 4-1

汇总收款凭证

借方科目：　　　　　　　　年　月　　　　　　　　汇收第　　号

贷方科目	金额				总账页数	
	1-10日	11-20日	21-31日	合计	借	贷
	第　号至第　号	第　号至第　号	第　号至第　号			
合计						

汇总记账凭证 4-2

汇总付款凭证

贷方科目：　　　　　　　　年　月　　　　　　　　汇付第　　号

借方科目	金额				总账页数	
	1-10日	11-20日	21-31日	合计	借	贷
	第　号至第　号	第　号至第　号	第　号至第　号			
合计						

汇总记账凭证 4-3

汇总付款凭证

贷方科目： 年 月 汇付第 号

<table>
<tr><td rowspan="3">借方科目</td><td colspan="4">金 额</td><td colspan="2">总账页数</td></tr>
<tr><td>1-10日</td><td>11-20日</td><td>21-31日</td><td rowspan="2">合计</td><td rowspan="2">借</td><td rowspan="2">贷</td></tr>
<tr><td>第 号至第 号</td><td>第 号至第 号</td><td>第 号至第 号</td></tr>
<tr><td></td><td></td><td></td><td></td><td></td><td></td><td></td></tr>
<tr><td>合 计</td><td></td><td></td><td></td><td></td><td></td><td></td></tr>
</table>

汇总记账凭证 4-4

汇总转账凭证

贷方科目： 年 月 汇转第 号

<table>
<tr><td rowspan="3">借方科目</td><td colspan="4">金 额</td><td colspan="2">总账页数</td></tr>
<tr><td>1-10日</td><td>11-20日</td><td>21-31日</td><td rowspan="2">合计</td><td rowspan="2">借</td><td rowspan="2">贷</td></tr>
<tr><td>第 号至第 号</td><td>第 号至第 号</td><td>第 号至第 号</td></tr>
<tr><td></td><td></td><td></td><td></td><td></td><td></td><td></td></tr>
<tr><td>合 计</td><td></td><td></td><td></td><td></td><td></td><td></td></tr>
</table>

汇总记账凭证 4-5

汇总转账凭证

贷方科目： 年 月 汇转第 号

<table>
<tr><td rowspan="3">借方科目</td><td colspan="4">金 额</td><td colspan="2">总账页数</td></tr>
<tr><td>1-10日</td><td>11-20日</td><td>21-31日</td><td rowspan="2">合计</td><td rowspan="2">借</td><td rowspan="2">贷</td></tr>
<tr><td>第 号至第 号</td><td>第 号至第 号</td><td>第 号至第 号</td></tr>
<tr><td></td><td></td><td></td><td></td><td></td><td></td><td></td></tr>
<tr><td>合 计</td><td></td><td></td><td></td><td></td><td></td><td></td></tr>
</table>

汇总记账凭证 4-6

汇总转账凭证

贷方科目： 年 月 汇转第 号

借方科目	金额				总账页数	
	1-10日	11-20日	21-31日	合计	借	贷
	第 号至第 号	第 号至第 号	第 号至第 号			
合 计						

汇总记账凭证 4-7

汇总转账凭证

贷方科目： 年 月 汇转第 号

借方科目	金额				总账页数	
	1-10日	11-20日	21-31日	合计	借	贷
	第 号至第 号	第 号至第 号	第 号至第 号			
合 计						

汇总记账凭证 4-8

汇总转账凭证

贷方科目： 年 月 汇转第 号

借方科目	金额				总账页数	
	1-10日	11-20日	21-31日	合计	借	贷
	第 号至第 号	第 号至第 号	第 号至第 号			
合 计						

汇总记账凭证 4-9

汇总转账凭证

贷方科目： 年 月 汇转第 号

借方科目	金额				总账页数	
	1-10日	11-20日	21-31日	合计	借	贷
	第 号至第 号	第 号至第 号	第 号至第 号			
合 计						

（三）登记总账

根据汇总记账凭证登记总账，账页见账 4-46～账 4-60。

项目五 期末业务处理

学习目标

1. 能对各项财产物资进行清查及处理账实不符业务。
2. 能对当期各种错账进行更正。
3. 能进行期末结账。

任务一 财产清查业务处理

任务案例

案例 5-1 鸿儒木器有限责任公司有关资料如下：

（一）现金清查资料

2017 年 12 月 31 日，现金日记账余额为 600 元，而当日库存现金盘点后发现实际金额为 662 元。经查多余的 62 元无法查明，经批准转入营业外收入。

（二）银行存款对账资料

1. 2017 年 12 月 31 日，银行存款日记账余额为 846100 元，银行对账单上的存款余额为 805100 元。

2. 2017 年 12 月银行存款日记账的相关资料，如表 5-1 所示。

表 5-1 银行存款日记账

2017 年		凭证编号	对方科目	摘要	勾对	借方	贷方	余额
月	日							
12				承前页				699190
	29	银付 20	管理费用	开出转支付招待费			1200	697990
	29	银收 16	应收票据	收到代收货款		100000		797990
	30	银付 21	销售费用	开出转支付广告费			890	797100
	31	银收 17	主营业务收入	售产品收到转支		63000		860100
	31	银付 22	原材料	开出转支付货款			14000	846100
	31			本月合计		略	略	846100

3．银行对账单的相关资料，如表 5-2 所示。

表 5-2　中国农业银行繁荣路支行对账单

户名：鸿儒木器有限责任公司　　　　　　2017 年 12 月

日期	摘要	凭证号	借方发生额	贷方发生额	借或贷	余额
承上页					贷	699190
1229	转贷	0135		100000	贷	799190
1230	转借	0036	27000		贷	772190
1231	转贷	0667		35000	贷	807190
1231	转借	2416	1200		贷	805990
1231	转借	2417	890		贷	805100

（三）库存材料清查资料

2017 年 12 月 25 日，实存 A 材料 400 公斤，账存 500 公斤，盘亏 A 材料 100 公斤，单价 50 元/公斤，经查明由业务员失职所至，令其赔偿。

任务处理

一、进行财产清查

采用不同的方法对各项财产物资、债务债权进行清查。根据案例 5-1 中相关资料，对银行存款进行对账，找出未达账项，编制银行存款余额调节表，并进一步查出银行存款日记账是否存在问题，银行存款余额调节表如表 5-3 所示。

表 5-3　银行存款余额调节表

2017 年 12 月 31 日

项目	金额	项目	金额
企业银行存款日记账余额		银行对账单余额	
加：银行已收企业未收款		加：企业已收银行未收款	
减：银行已付企业未付款		减：企业已付银行未付款	
调整后余额		调整后余额	

二、记录财产清查结果

根据财产清查情况，将账实不符的情况如实进行记录。根据案例 5-1 中现金清查结果，填制库存现金盘点报告表，如表 5-4 所示；根据存货盘点情况，填制账存实存对比表，如表 5-5 所示。

表 5-4　库存现金盘点报告表

单位名称：　　　　　　　　　　　年　月　日

实存现金	账存现金	实存与账存对比		备注
		长款	短款	

盘点人签章：　　　　　　　　　　　　　　　　　　出纳员签章：

表 5-5　账存实存对比表

存货名称：　　　　　　　　2017 年 12 月 30 日

序号	计量单位	单价	实　存		账　存		实存与账存对比				备注
			数量	金额	数量	金额	盘盈		盘亏		
							数量	金额	数量	金额	
合　计											

三、填制记账凭证

根据库存现金盘点报告填制记账凭证，如记账凭证 5-1 所示；根据账存实存对比表，填制记账凭证，如记账凭证 5-2 所示。

记账凭证　5-1

贷方　　　　　　　　　**付 款 凭 证**

科目________　　　　　　　　年　月　日　　　　　　　　字第　　号

摘要	借方总账科目	明细科目	借方金额										记账符号
			千	百	十	万	千	百	十	元	角	分	
合　计													

附单据　张

财务主管　　　　记账　　　　出纳　　　　审核　　　　制单

记账凭证 5-2

转账凭证

年 月 日 字第 号

摘要	总账科目	明细科目	√	借方金额										√	贷方金额									
				千	百	十	万	千	百	十	元	角	分		千	百	十	万	千	百	十	元	角	分
合 计																								

附单据 张

财务主管 记账 审核 制单

四、查明原因明确责任

在进行财产清查时，出现账实不符，相关责任部门需查找原因，明确责任，及时处理问题，并进行账务处理。

根据现金盘盈处理结果，填制记账凭证，如记账凭证 5-3 所示；根据存货盘亏的处理结果，填制记账凭证，如记账凭证 5-4 所示。

记账凭证 5-3

转账凭证

年 月 日 字第 号

摘要	总账科目	明细科目	√	借方金额										√	贷方金额									
				千	百	十	万	千	百	十	元	角	分		千	百	十	万	千	百	十	元	角	分
合 计																								

附单据 张

财务主管 记账 审核 制单

记账凭证　5-4

转 账 凭 证

年　月　日　　　　　　　　　　字第　　号

摘要	总账科目	明细科目	√	借方金额										√	贷方金额									
				千	百	十	万	千	百	十	元	角	分		千	百	十	万	千	百	十	元	角	分
合　计																								

附单据　张

财务主管　　　记账　　　审核　　　制单

任务二　错账的更正

任务案例

案例 5-2　鸿儒木器有限责任公司有关资料如下：

1．原始凭证、记账凭证、账簿如原凭 5-1、记账凭证 5-5、账 5-1 所示，2017 年 12 月 10 日查出错账。资料中阴影部分表示查出的错误。

原凭 5-1

天津增值税专用发票

120000000000　　　　No 20171201

发票联（全国统一发票监制章 天津 国家税务总局监制）

开票日期：2017 年 12 月 6 日

购买方	名　称：鸿儒木器有限责任公司 纳税人识别号：120117860653155 地 址、电 话：天津市繁荣路 1499 号　85541064 开户行及账号：农行繁荣路支行　301-3926499	密码区					
货物或应税劳务、服务名称	规格型号	单位	数量	单价	金额	税率	税额
A 材料		公斤	300	48.00	14400.00	17%	2448.00
B 材料		公斤	400	58.00	23200.00	17%	3944.00
C 材料		公斤	300	78.00	23400.00		3978.00
合　计			1000		¥61000.00		¥10370.00
价税合计（大写）	柒万壹仟叁佰柒拾元整				（小写）¥71370.00		
销售方	名　称：天津耀光材料加工厂 纳税人识别号：120701638375556 地 址、电 话：天津市津塘公路 88 号　60268931 开户行及账号：工行津东分理处　998905674821	备注	天津耀光材料加工厂 120701638375556 发票专用章				

收款人：　　　复核：　　　开票人：刘风　　　销售方：（章）

第二联：发票联　购买方记账凭证

记账凭证 5-5

转 账 凭 证

2017年12月6日　　　　转字第12号

摘要	总账科目	明细科目	√	借方金额 千	百	十	万	千	百	十	元	角	分	√	贷方金额 千	百	十	万	千	百	十	元	角	分
购入材料	材料采购	A材料					1	4	4	0	0	0	0											
		B材料					2	3	2	0	0	0	0											
		C材料					2	3	4	0	0	0	0											
	应交税费	应交增值税（进）					1	0	3	7	0	0	0											
	应付账款	天津耀光																7	1	3	7	0	0	0
合　计						¥	7	1	3	7	0	0	0				¥	7	1	3	7	0	0	0

附单据1张

财务主管 李财　　记账 张红　　审核 沈青　　制单 李计

账 5-1

应 交 税 费

户名 应交增值税(进项税额)　　　　备注

2017年 月	日	记账凭证 字	号	摘　要	页数	借方 亿	千	百	十	万	千	百	十	元	角	分	√	贷方 亿	千	百	十	万	千	百	十	元	角	分	√	借或贷	余额 亿	千	百	十	万	千	百	十	元	角	分	√
12	1			期初余额																										借				2	2	5	3	0	0	0	0	
12	1	转	1	购入材料						1	5	6	4	0	0	0														借				2	4	0	9	4	0	0	0	
12	2	转	3	购入材料							7	7	5	2	0	0														借				2	4	8	6	9	2	0	0	
12	3	转	7	购入材料							8	1	6	0	0	0														借				2	5	6	8	5	2	0	0	
12	6	转	12	购入材料						1	0	7	3	0	0	0														借				2	6	7	5	8	2	0	0	
12	10	银付	10	购入包装箱							1	5	3	0	0	0														借				2	6	9	1	1	2	0	0	

2．原始凭证、记账凭证、账簿如原凭 5-2、原凭 5-3、记账凭证 5-6、账 5-2 所示，2017 年 12 月 10 日查出错账。

原凭 5-2

天津增值税专用发票

120000000000　　No 20171201

发票联

开票日期：2017 年 12 月 6 日

购买方	名　　称：鸿儒木器有限责任公司 纳税人识别号：120117860653155 地 址、电 话：天津市繁荣路 1499 号　85541064 开户行及账号：农行繁荣路支行　301-3926499	密码区	  

货物或应税劳务、服务名称	规格型号	单位	数量	单价	金额	税率	税额
A 材料		公斤	300	48.00	14400.00	17%	2448.00
B 材料		公斤	400	58.00	23200.00	17%	3944.00
C 材料		公斤	300	78.00	23400.00		3978.00
合　　计			1000		¥61000.00		¥10370.00
价税合计（大写）	柒万壹仟叁佰柒拾元整				（小写）¥71370.00		

销售方	名　　称：天津耀光材料加工厂 纳税人识别号：120701638375556 地 址、电 话：天津市津塘公路 88 号　60268931 开户行及账号：工行津东分理处　998905674821	备注	天津耀光材料加工厂 120701638375556 发票专用章

收款人：　　复核：　　开票人：刘风　　销售方：（章）

第二联：发票联　购买方记账凭证

原凭 5-3（原未及时入账）

中国农业银行
转账支票存根（津）

IXII03662989

附加信息

出票日期 2017年12月06日

收款人：天津耀光材料加工厂
金额：¥71370.00
用途：材料款

单位主管　　会计

记账凭证 5-6

转账凭证

2017 年 12 月 6 日　　　　转字第 12 号

摘要	总账科目	明细科目	√	借方金额										√	贷方金额									
				千	百	十	万	千	百	十	元	角	分		千	百	十	万	千	百	十	元	角	分
购入材料	材料采购	A材料					1	4	4	0	0	0	0											
		B材料					2	3	2	0	0	0	0											
		C材料					2	3	4	0	0	0	0											
	应交税费	应交增值税（进）					1	0	3	7	0	0	0											
	应付账款	天津耀光																7	1	3	7	0	0	0
合　计						¥	7	1	3	7	0	0	0				¥	7	1	3	7	0	0	0

附单据 1 张

财务主管 李财　　记账 张红　　审核 沈清　　制单 李计

账 5-2

应付账款

户名 天津耀光　　　　备注

2017年		记账凭证		摘要	页数	借方											√	贷方											√	借或贷	余额											√
月	日	字	号			亿	千	百	十	万	千	百	十	元	角	分		亿	千	百	十	万	千	百	十	元	角	分			亿	千	百	十	万	千	百	十	元	角	分	
12	1			期初余额																										贷						6	4	3	5	0	0	√
12	6	转	12	购入材料																		7	1	3	7	0	0	0		贷					7	7	8	0	5	0	0	

3．原始凭证、记账凭证、账簿如原凭 5-4、记账凭证 5-7、账 5-3 所示。2017 年 12 月 10 日查出错账。

原凭 5-4

天津增值税专用发票

120000000000　　　　No 20171201

发票联

开票日期：2017 年 12 月 6 日

购买方	名　　称：鸿儒木器有限责任公司 纳税人识别号：120117860653155 地 址、电 话：天津市繁荣路 1499 号　85541064 开户行及账号：农行繁荣路支行　301-3926499	密码区					
货物或应税劳务、服务名称	规格型号	单位	数量	单价	金额	税率	税额
A 材料		公斤	300	48.00	14400.00	17%	2448.00
B 材料		公斤	400	58.00	23200.00	17%	3944.00
C 材料		公斤	300	78.00	23400.00		3978.00
合　　计			1000		￥61000.00		￥10370.00
价税合计（大写）	柒万壹仟叁佰柒拾元整				（小写）￥71370.00		
销售方	名　　称：天津耀光材料加工厂 纳税人识别号：120701638375556 地 址、电 话：天津市津塘公路 88 号　60268931 开户行及账号：工行津东分理处　998905674821	备注	天津耀光材料加工厂 120701638375556 发票专用章				

收款人：　　复核：　　开票人：刘风　　销售方：（章）

第二联：发票联　购买方记账凭证

记账凭证　5-7（不标准）

转账凭证

2017 年 12 月 6 日　　　　转字第 12 号

摘要	总账科目	明细科目	√	借方金额 千	百	十	万	千	百	十	元	角	分	√	贷方金额 千	百	十	万	千	百	十	元	角	分
购入材料	材料采购	A 材料						1	4	4	0	0	0											
		B 材料						2	3	2	0	0	0											
		C 材料						2	3	4	0	0	0											
	应交税费	应交增值税（进）						1	0	3	7	0	0											
	应付账款	天津耀光																	7	1	3	7	0	0
合　计							￥	7	1	3	7	0	0					￥	7	1	3	7	0	0

附单据 1 张

财务主管 李财　　记账 张红　　审核 沈清　　制单 李fine

账 5-3

应交税费

户名 应交增值税(进项税额)　　　　　　　　　　　　　　　　　备注

2017年 月	日	记账凭证 字	号	摘要	页数	借方（亿千百十万千百十元角分）	√	贷方（亿千百十万千百十元角分）	√	借或贷	余额（亿千百十万千百十元角分）	√
12	1			期初余额						借	22530000	
12	1	转	1	购入材料		1564000				借	24094000	
12	2	转	3	购入材料		775200				借	24869200	
12	3	转	7	购入材料		816000				借	25685200	
12	6	转	12	购入材料		107300				借	25788900	
12	10	银付	10	购入包装箱		153000				借	25941900	

任务处理

一、画线更正法

填制记账凭证时未出现错误，在登账的过程中出现笔误，应采用画线更正法，直接在账簿中进行更正。如案例 5-2 中，账 5-1 出现的错误，请在账 5-1 中进行更正。

二、红字冲销法

由于记账凭证文字错误、数字多记错误，导致账簿登记错误，应采用红字冲销法。如案例 5-2 中，账 5-2 出现的错误，更正步骤如下：

1．填制红字冲销凭证，所需记账凭证如记账凭证 5-8 所示。

2．将红字凭证入账，在账 5-2 中登记。（以应付账款明细账为例，此业务也应在材料采购明细账、应交税费明细账中进行登记，若总账采用记账凭证核算形式，也应进行更正。）

3．填制正确凭证，所需记账凭证如记账凭证 5-9 所示。

4．将正确凭证入账，在账 5-4 中登记。（以银行存款日记账为例，此业务也应在材料采购明细账、应交税费明细账中进行登记，若总账采用记账凭证核算形式，也应进行更正。）

记账凭证 5-8

转账凭证

年 月 日 字第 号

摘要	总账科目	明细科目	√	借方金额										√	贷方金额									
				千	百	十	万	千	百	十	元	角	分		千	百	十	万	千	百	十	元	角	分
合　计																								

附单据　张

财务主管　　记账　　审核　　制单

记账凭证 5-9

转账凭证

年 月 日 字第 号

摘要	总账科目	明细科目	√	借方金额										√	贷方金额									
				千	百	十	万	千	百	十	元	角	分		千	百	十	万	千	百	十	元	角	分
合　计																								

附单据　张

财务主管　　记账　　审核　　制单

账 5-4

银行存款日记账

账号 301—3926499

2017年		记账凭证		摘要	对方科目	现金支票号码	转账支票号码	借方											贷方											借或贷	余额										
月	日	字	号					亿	千	百	十	万	千	百	十	元	角	分	亿	千	百	十	万	千	百	十	元	角	分		亿	千	百	十	万	千	百	十	元	角	分
12	1			期初余额																										借				5	9	3	9	0	0	0	0
12	5	现付	1	股金存入银行	库存现金						3	0	0	0	0	0	0	0																							
12	5	银付	1	提取现金	库存现金	2867																		5	0	0	0	0	0	借				8	8	8	9	0	0	0	0

三、补冲登记法

由于记账凭证数字少记错误，导致账簿登记错误，应采用补充登记法。如案例 5-3 中，账 5-3 出现的错误，更正步骤如下：

1．填制补充凭证，所需记账凭证如记账凭证 5-10 所示。

2．将补充凭证入账，在账 5-3 中登记。（以应交税费明细账为例，此业务也应在材料采购明细账、应付账款明细账中进行登记，若总账采用记账凭证核算形式，也应进行更正。）

记账凭证 5-10

转 账 凭 证

年 月 日　　　　转字第 号

摘要	总账科目	明细科目	√	借款金额										√	借款金额									
				千	百	十	万	千	百	十	元	角	分		千	百	十	万	千	百	十	元	角	分
合　计																								

附单据　张

财务主管　　　　记账　　　　审核　　　　制单

任务三　结　　账

任务案例

案例 5-3　鸿儒木器有限责任公司有关账簿资料如下：

1．库存现金总账，如账 5-5 所示。

2．库存现金日记账，如账 5-6 所示。

3．应收账款明细账，如账 5-7 所示。

账 5-5

总 分 类 账

科目名称 库存现金

2017年		记账凭证		摘要	借方											贷方											借或贷	余额										
月	日	字	号		亿	千	百	十	万	千	百	十	元	角	分	亿	千	百	十	万	千	百	十	元	角	分		亿	千	百	十	万	千	百	十	元	角	分
12	1			期初余额																							借						7	7	8	9	0	0
12	10	汇	1	12月1日-10日发生额				3	0	9	8	0	0	0	0				3	0	4	5	0	0	0	0	借					1	3	0	8	9	0	0
12	20	汇	2	12月11日-20日发生额				1	1	3	7	5	5	0	0				1	1	5	2	4	0	0	0	借					1	1	6	0	4	0	0
12	31	汇	3	12月21日-31日发生额					8	3	1	2	8	0	0					8	3	7	7	8	0	0	借					1	0	9	5	4	0	0

账 5-6

现金日记账

2017年		记账凭证		摘要	对方科目	借方											贷方											借或贷	余额										
月	日	字	号			亿	千	百	十	万	千	百	十	元	角	分	亿	千	百	十	万	千	百	十	元	角	分		亿	千	百	十	万	千	百	十	元	角	分
12	1			期初余额																								借						7	7	8	9	0	0
12	5	现收	1	收到入股股金	实收资本				3	0	0	0	0	0	0	0																3	0	7	7	8	9	0	0
12	10	现付	1	股金存入银行	银行存款															3	0	0	0	0	0	0	0							7	7	8	9	0	0
12	15	银付	1	提取现金	银行存款						5	0	0	0	0	0												借					1	2	7	8	9	0	0
12	18	现付	3	购买办公用品	管理费用																	3	5	0	0	0	0	借						9	2	8	9	0	0
12	20	现收	2	违章操作罚款	营业外收入							8	0	0	0	0												借					1	0	0	8	9	0	0
12	25	现付	4	代垫运费	应收账款																	1	0	0	0	0	0	借						9	0	8	9	0	0
12	26	银付	8	提取现金	银行存款						3	0	0	0	0	0																	1	2	0	8	9	0	0
12	31	银付	11	提取现金	银行存款						1	0	0	0	0	0												借					1	3	0	8	9	0	0

账 5-7

应收账款明细账

户名 达业公司　　　　　　　　　　　　　　　　　　　　　　　　备注

2017年		记账凭证		摘要	页数	借方											√	贷方											√	借或贷	余额											√
月	日	字	号			亿	千	百	十	万	千	百	十	元	角	分		亿	千	百	十	万	千	百	十	元	角	分			亿	千	百	十	万	千	百	十	元	角	分	
12	1			期初余额																										平									0			
12	5	转	11	发出甲产品					2	2	6	9	8	0	0	0																		2	2	6	9	8	0	0	0	
12	15	现付	4	代垫运费							1	0	0	0	0	0														借				2	2	7	9	8	0	0	0	
12	28	银付	3	收到前欠货款及代垫运费																	2	2	7	9	8	0	0	0		平									0			

任务处理

年末对全部账簿进行月结、季结、年结，账簿资料见账 5-5、账 5-6、账 5-7。

项目六　会计报表的编制

学习目标

1．能根据企业账簿资料编制资产负债表、利润表。
2．会对资产负债表、利润表数据之间的勾稽关系进行核对。

任务一　资产负债表的编制

任务案例

案例 6-1　鸿儒木器有限责任公司 2017 年度账簿已全部结账，能根据账簿等相关资料为企业编制 2017 年度的资产负债表。

1．鸿儒木器有限责任公司 2016 年度资产负债表，如表 6-1 所示。

表 6-1　2016 年资产负债表

2016 年 12 月 31 日　　　　（单位：元）

资　产	期末余额	期初余额	负债和所有者权益	期末余额	期初余额
流动资产：			流动负债：		
货币资金	1406300		短期借款	300000	
以公允价值计量且其变动计算当期损益的金融资产	15000		以公允价值计量且其变动计算当期损益的金融负债		
应收票据	246000		应付票据	200000	
应收账款	299100		应付账款	953800	
预付款项	100000		预收账款		
应收利息			应付利息		
应收股利			应付股利		
其他应收款	5000		其他应付款	50000	
存货	2129000		应付职工薪酬	110000	
划分为持有待售的资产			应交税费	36600	

（续）

资　　产	期末余额	期初余额	负债和所有者权益	期末余额	期初余额
一年内到期的非流动资产			划分为持有待售的负债		
流动资产合计	4200400		一年内到期的非流动负债		
非流动资产：			流动负债合计	1650400	
可供出售金融资产			非流动负债：		
持有至到期投资			长期借款	600000	
长期应收款			应付债券		
长期股权投资			非流动负债合计	600000	
投资性房地产			负债合计	2250400	
固定资产	1100000		所有者权益：		
在建工程	1500000		实收资本（或股本）	5000000	
工程物资			资本公积		
固定资产清理			其他综合收益		
无形资产	600000		盈余公积	100000	
开发支出			未分配利润	50000	
非流动资产合计	3200000		所有者权益合计	5150000	
资产总计	7400400		负债和所有者权益总计	7400400	

2．鸿儒木器有限责任公司2017年度科目余额表，如表6-2所示。

表6-2　科目余额表

2017年12月31日　　　　（单位：元）

科目名称	借方余额	科目名称	贷方余额
库存现金	2000	短期借款	50000
银行存款	786135	应付票据	100000
其他货币资金	7300	应付账款	953800
交易性金融资产	77900	其他应付款	50000
应收票据	66000	应付职工薪酬	180000
应收账款	600000	应交税费	226731
坏账准备	−1800	应付股利	32215.85
预付账款	100000	长期借款	1160000
其他应收款	5000	股本	5000000
材料采购	275000	盈余公积	124770.40
原材料	45000	利润分配（未分配利润）	190717.75
周转材料	38050		
库存商品	2594400		
材料成本差异	4250		
固定资产	2401000		
累计折旧	−170000		
固定资产减值准备	−30000		
工程物资	150000		
在建工程	578000		
无形资产	600000		
累计摊销	−60000		

任务处理

根据企业上期资产负债表和当期的科目余额表，按照报表各项目的编制要求，为企业编制资产负债表，资产负债表如表 6-3 所示。

表 6-3　2017 年资产负债表

年　月　日　　　　　　　　　（单位：　　）

资　产	期末余额	期初余额	负债和所有者权益	期末余额	期初余额
流动资产：			流动负债：		
货币资金			短期借款		
以公允价值计量且其变动计算当期损益的金融资产			以公允价值计量且其变动计算当期损益的金融负债		
应收票据			应付票据		
应收账款			应付账款		
预付款项			预收账款		
应收利息			应付利息		
应收股利			应付股利		
其他应收款			其他应付款		
存货			应付职工薪酬		
划分为持有待售的资产			应交税费		
一年内到期的非流动资产			划分为持有待售的负债		
流动资产合计			一年内到期的非流动负债		
非流动资产：			流动负债合计		
可供出售金融资产			非流动负债：		
持有至到期投资			长期借款		
长期应收款			应付债券		
长期股权投资			非流动负债合计		
投资性房地产			负债合计		
固定资产			所有者权益：		
在建工程			实收资本（或股本）		
工程物资			资本公积		
固定资产清理			其他综合收益		
无形资产			盈余公积		
开发支出			未分配利润		
非流动资产合计			所有者权益合计		
资产总计			负债和所有者权益总计		

任务二　利润表的编制

任务案例

案例 6-2 鸿儒木器有限责任公司 2017 年度账簿已全部结账，要求根据账簿等相关资料为企业编制 2017 年度的利润表。

1. 鸿儒木器有限责任公司 2016 年度利润表，如表 6-4 所示。

表 6-4　2016 年利润表

2016 年　　　　（单位：元）

项　目	本期金额	上期金额
一、营业收入	1220000	
减：营业成本	700000	
税金及附加	1800	
销售费用	22000	
管理费用	155000	
财务费用	52000	
资产减值损失	50000	
加：公允价值变动收益（损失以“-”列示）		
投资收益（损失以“-”列示）		
二、营业利润	239200	
加：营业外收入	30000	
减：营业外支出	15000	
三、利润总额	254200	
减：所得税费用	63550	
四、净利润（利润亏损以“-”列示）	190650	

2. 鸿儒木器有限责任公司 2017 年损益类科目结转前余额表，如表 6-5 所示。

表 6-5　损益类科目结转前余额表

2017 年　　　　（单位：元）

科目名称	借方余额	贷方余额
主营业务收入		1250000
主营业务成本	750000	
税金及附加	2000	
销售费用	20000	
管理费用	157100	
财务费用	41500	
资产减值损失	30900	
营业外收入		50000
营业外支出	19700	
所得税费用	69700	

任务处理

根据企业上期利润表和当期的结转前损益类科目余额表，按照报表各项目的编制要求，为企业编制利润表，利润表如表 6-6 所示。

表 6-6　2017 年利润表

年　　　　　　　　　　　　（单位：　　）

项　　目	本 期 金 额	上 期 金 额
一、营业收入		
减：营业成本		
税金及附加		
销售费用		
管理费用		
财务费用		
资产减值损失		
加：公允价值变动收益（损失以"-"列示）		
投资收益（损失以"-"列示）		
二、营业利润		
加：营业外收入		
减：营业外支出		
三、利润总额		
减：所得税费用		
四、净利润（利润亏损以"-"列示）		

项目七　综合业务处理

学习目标

1. 能正确填制、审核原始凭证的各项内容。
2. 能正确填制、审核记账凭证的各项内容。
3. 能建立、登记明细账。
4. 能建立总账。
5. 能编制科目汇总表、汇总记账凭证。
6. 能采用记账凭证、科目汇总表、汇总记账凭证账务处理程序登记总账。
7. 能对账、更正错账、结账。
8. 能编制科目余额表。
9. 能编制资产负债表、利润表。
10. 会运用会计信息为企业服务。

任务案例

案例 7-1　鸿儒木器有限责任公司 2017 年度 12 月份发生以下经济业务，要求根据原始凭证填制和审核记账凭证，分别采用记账凭证、科目汇总表、汇总记账凭证核算形式登记总账账簿，编制科目余额表，编制资产负债表与利润表。

（一）企业概况

本企业由法人鸿运公司和自然人李小儒共同出资的鸿儒木器有限责任公司经工商管理部门批准正式成立。注册资金 220 万元。

厂址：天津市繁荣路 1499 号

电话：022-85541064

纳税人登记号：201717860653155

企业基本存款户：中国农业银行繁荣路支行

账号：301-3926499

法人代表：李斯

会计主管：李财
出纳：田野

（二）企业的内部会计制度

1．记账方法采用借贷记账法。

2．账务处理分组采用记账凭证、科目汇总表、汇总记账凭证账务处理程序，其中，科目汇总表、汇总记账凭证每月汇总一次，并据以登记总账。

3．凭证类别。企业采用复式记账凭证，分为收款凭证、付款凭证和转账凭证三种格式。凭证编号按类别、顺序编号。对于涉及两种货币资金之间收付的业务，一律填制付款凭证。

4．账页格式。企业根据《企业会计准则》规定，开设总分类账、明细分类账及日记账。总分类账及日记账一律采用“借方”“贷方”和“余额”三栏式账簿，明细分类账根据核算需要分别选用三栏式、数量金额式、多栏式等格式账页。

5．会计报告内容。模拟企业按规定编制资产负债表、利润表。

6．存货根据本企业管理需要采用实际成本法核算。

7．银行预留印鉴，如图 7-1 所示。

图　7-1

（三）期初余额

鸿儒木器有限责任公司 2017 年 12 月 1 日科目余额表，如表 7-1 所示。

表 7-1　科目余额表

2017 年 12 月 1 日　　（单位：元）

项目	金额	项目	金额
库存现金	5010	短期借款	535000
银行存款	800000	应付账款	
应收账款		金达皮革厂	11232
迎春公司	68094	耀光厂	367240
宝岩公司	325728	应付职工薪酬	
应收票据		应交税费	
商业承兑汇票	182520	应交所得税	3250
其他应收款		应交增值税	71690（借方）
设备处（张增发）	5000	应付利息	5470
办公室（王影）	3000	实收资本	

（续）

项目	金额	项目	金额
在途物资		鸿运公司	1200000
纤维板	6000	李小儒	1000000
	120张（50元/张）	资本公积	
原材料		盈余公积	
油漆	54000	法定盈余公积	148000
	450桶（120元/桶）	任意盈余公积	450000
实木板	70400	本年利润	1480000
	800张（88元/张）	利润分配	
皮革	16000	提取法定盈余公积	148000（借方）
	2000平方尺（8元/平方尺）	提取任意盈余公积	450000（借方）
生产成本		未分配利润	150000
办公桌	34000		
办公椅			
制造费用			
库存商品			
办公桌	84500		
	260张（325元/张）		
办公椅	164250		
	730把（225元/把）		
固定资产	3590000		
累计折旧	658000（贷方）		
合计	4750502	合计	4750502

（四）企业2017年12月发生的经济业务

1．1日，上月在途纤维板验收入库，结转其实际采购成本，见原凭7-1。

2．1日，从耀光厂购入纤维板1200张，单价48元，购入实木板300张，单价86元，增值税率17%，货款用银行存款支付，见原凭7-2-1、原凭7-2-2。

3．2日，生产领用原材料，具体见表7-2。

表7-2 领用原材料情况表一

2017年12月2日

用途	材料	数量	单位成本	领料人
办公桌	实木板	300张	88元/张	许耀军
办公桌	皮革	800平方尺	8元/平方尺	许耀军
办公椅	皮革	1000平方尺	8元/平方尺	李超

要求：领用皮革填制领料单两张，领用实木板填制限额领料单一张，见原凭7-3-1、原凭7-3-2、原凭7-3-3。

4. 3日，采购员姚洪亮出差，借差旅费3000元。出纳员田野以现金付讫，见原凭7-4。

5. 5日，向双德公司出售办公桌80张，每张售价760元；办公椅300把，每把520元。用现金代垫运费200元，货款尚未收到，见原凭7-5-1、原凭7-5-2。

6. 7日，以银行存款支付从耀光厂购入实木板、纤维板的运杂费3000元（按数量分配），见原凭7-6-1、原凭7-6-2、原凭7-6-3。

7. 8日，12月1日从耀光厂购入的实木板、纤维板全部验收入库，结转其实际采购成本，见原凭7-7-1、原凭7-7-2。

8. 10日，生产领用原材料，具体见表7-3。

表7-3　领用原材料情况表二

2017年12月10日

用途	材料	数量	单位成本	领料人
办公桌	实木板	300张	88元/张	许耀军
办公桌	纤维板	300张	50元/张	许耀军
办公椅	纤维板	200张	50元/张	李　超

要求：领用纤维板填制领料单两张，领用实木板填制限额领料单一张，见原凭7-8-1、原凭7-8-2、原凭7-8-3。

9. 10日，以银行存款支付所得税3250元，见原凭7-9。

10. 12日，以现金支付业务招待费800元，见原凭7-10。

11. 13日，收到金智公司到期商业汇票款182520元，见原凭7-11。

12. 14日，开具银行本票，以银行本票偿还金达皮革厂前欠货款11232元，见原凭7-12-1、原凭7-12-2、原凭7-12-3。

13. 15日，以银行存款向红十字会支付救灾捐款20000元，见原凭7-13-1、原凭7-13-2。

14. 16日，以银行存款支付新体验传播公司广告费12000元，见原凭7-14-1、原凭7-14-2。

15. 17日，职工赵昭违纪罚款3000元，现金交财务科1500元，见原凭7-15-1、原凭7-15-2。

16. 19日，以银行存款支付厂部设备小修理费1500元、车间设备小修理费2300元，见原凭7-16-1、原凭7-16-2。

17. 20日，生产领用原材料，具体见表7-4所示。

表7-4　领用原材料情况表四

2017年12月20日

用途	材料	数量	单位成本	领料人
办公桌	实木板	300张	88元/张	许耀军
办公椅	皮革	200平方尺	8元/平方尺	李超
办公椅	纤维板	200张	50元/张	李超

要求：领用皮革、纤维板填制领料单两张，领用实木板填制限额领料单一张，结转实木板成本，见原凭7-17-1、原凭7-17-2、原凭7-17-3。

18. 21日，向新发广场出售办公桌180张，每张售价760元；办公椅430把，每把520

元，款项存入银行，见原凭 7-18-1、原凭 7-18-2。

19．22 日，计提固定资产折旧 33000 元，其中车间固定资产折旧 19000 元、行政管理部门固定资产折旧 14000 元，见原凭 7-19。

20．23 日，设备处张增发报销差旅费 4800 元，交回现金 200 元，见原凭 7-20-1、原凭 7-20-2、原凭 7-20-3、原凭 7-20-4。

21．24 日，各部门领用油漆情况，如表 7-5 所示，见原凭 7-21-1、原凭 7-21-2、原凭 7-21-3、原凭 7-21-4。

表 7-5　领用原材料情况表三

2017 年 12 月 24 日

用途	材料	数量	单位成本	领料人
办公桌	油漆	200 桶	120 元/桶	许耀军
办公椅	油漆	150 桶	120 元/桶	李超
车间耗用	油漆	20 桶	120 元/桶	赵昭
行政部门	油漆	60 桶	120 元/桶	王影

22．25 日，以银行存款 14040 元购入电脑一批，见原凭 22-1、原凭 22-2。

23．26 日，计提本月应负担短期借款利息 2782 元，见原凭 23。

24．27 日，以银行存款支付本季度短期借款利息 8346 元，见原凭 24。

25．28 日，以银行存款支付本月电费 31122 元，其中生产车间生产办公桌 13460 元，生产办公椅 11740 元，车间 500 元，行政部门 900 元，见原凭 7-25-1、原凭 7-25-2、原凭 7-25-3。

26．29 日，销售纤维板 200 张，每张售价 70 元，见原凭 7-26-1、原凭 7-26-2。

27．30 日，分配结转本月职工工资 150000 元，其中生产工人工资 100000 元（按工时分配工资，办公桌 3500 工时，办公椅 1500 工时），车间管理人员工资 20000 元，工厂行政部门工资 30000 元，见原凭 7-27-1、原凭 7-27-2。

28．30 日，银行根据公司提供的"工资汇总表"扣款，发放工资，见原凭 7-28。

29．30 日，根据工时比例分配结转本期制造费用，见原凭 7-29。

30．30 日，本月生产的 840 张办公桌、456 把办公椅全部完工，见原凭 7-30。

31．30 日，签发现金支票，从农行提取现金 5000 元，以备零星开支，见原凭 7-31。

32．31 日，结转售出材料纤维板成本，见原凭 7-32。

33．31 日，结转本月售出产品实际成本（办公桌 325 元/张，办公椅 225 元/把）见原凭 7-33-1、原凭 7-33-2。

34．31 日，计算本期应纳增值税、城市维护建设税和教育费附加。鸿儒木器有限责任公司适用的增值税税率、城市维护建设税税率和教育费附加征收率分别为 17%、7%和 3%，见原凭 7-34。

35．31 日，将各损益类账户结转本年利润。

36．31 日，按利润总额 25%计提本月应纳所得税，并结转到本年利润。

37．31 日，按实现净利润的 10%计提法定盈余公积金，见原凭 7-37。

38．31 日，根据股东大会决议，提取任意盈余公积 50000 元，见原凭 7-38。

39．31 日，按规定计算出本年应付普通股股利 648000 元，见原凭 7-39。

40．31 日，年末结转“本年利润”账户和“利润分配—— 提取法定盈余公积”“利润分配—— 提取任意盈余公积”“利润分配—— 应付普通股股利”明细账户。

实训方案与组织

一、实训方案

模拟实习应在经过系统的理论教学与传统习题作业之后进行，方能取得理论与实践双提高的预期效果。会计专业可以根据教学进度分次实习或期末一次实习。分次实习时，可在“基础会计”课程每单元结束后，进行实训；一次实习时，可于学生“基础会计”结课后，集中实训。

二、实训的组织

1．预先计算、购买实训用账页、记账凭证和报表。为了减轻学生经济负担，不致造成浪费，教师应根据模拟企业的业务情况预先计算该实训每个学生所需的各种账页、账本、记账凭证和报表的张数，统一购置，组成实务包发放给每一位同学。本实训所需实训资料情况如下：

（1）收款凭证 1 本。

（2）付款凭证 1 本。

（3）转账凭证 1 本。

（4）记账凭证封皮 5 张。

（5）订本式现金日记账 1 本。

（6）订本式银行存款日记账 1 本。

（7）订本式总账 1 本。

（8）三栏式明细账页 25 页。

（9）数量金额式明细账页 10 页。

（10）多栏式明细账页 15 页。

（11）科目汇总表 5 页。

（12）汇总记账凭证 25 页。

（13）科目余额表 5 页。

（14）资产负债表 5 份。

（15）利润表 5 份。

（16）胶水、曲别针、口取纸、线绳、计算器等学生自备。

2．分散建立账簿。为减少老师集中指导实训的时间压力，可要求学生独自完成建立账簿的工作。建账前应利用课堂，讲清建账的一般要求。学生根据期初余额表分别建立总账和明细账。总账应事先建好目录，并用口取纸贴好标记。

3．集中填制记账凭证。填制记账凭证的依据是本书所附的记录企业经济业务发生的原始凭证和账面数据，要求学生逐笔认真分析后填写。填制记账凭证的工作最好集中进行，以便实习指导教师认真解答遇到的问题，达到结合实际、提高理论水平的效果。填制凭证时，将书中所附原始凭证裁下，附在记账凭证之后。建议在记账凭证的“制单”处填制学生本人的姓名。

4. 师生核对记账凭证。在学生登记账簿之前，教师应在课堂上与学生核对每笔经济业务应借、应贷账户及金额是否正确；核对中遇到的共同性错误与难点，还应结合实际例子作详细的理论阐述，从而加深对理论的理解。也可以利用课上的时间，同学之间互相审核，审核的同学在记账凭证的“审核”处签名。

5. 分散登账、结账和编表。登账、结账、试算平衡和报表的编制工作重复性强、工作量大，可安排学生利用课下时间完成。同学之间可经互相核对期末余额及报表中的各项数据。

6. 期末收取全部账、证、表。

任务处理

根据企业的各项经济业务，填制空白的原始凭证，根据审核无误的原始凭证填制记账凭证，登记现金日记账、银行存款日记账、各明细分类账、总分类账，编制资产负债表、利润表。

模拟企业 2017 年 12 月经济业务所附原始凭证如下。

原凭　7-1

材料入库验收单

售货单位：　　　　　　　　验字第　　号

单据号数：　　　　　　　　年　月　日　　　　　　结算方式：

<table>
<tr><td rowspan="3">材料编号</td><td rowspan="3">名称及规格</td><td rowspan="3">计量单位</td><td colspan="2">数量</td><td colspan="2">实际金额</td></tr>
<tr><td>采购</td><td>实收</td><td>单价（元）</td><td>总价（元）</td></tr>
<tr><td></td><td></td><td></td><td></td></tr>
<tr><td></td><td></td><td></td><td colspan="2">运费</td><td colspan="2">合计</td></tr>
<tr><td>验收意见</td><td colspan="2"></td><td>单价（元）</td><td>总价（元）</td><td>单价（元）</td><td>总价（元）</td></tr>
<tr><td>入库时间</td><td colspan="2"></td><td></td><td></td><td></td><td></td></tr>
</table>

仓库主管：　　　材料会计：　　　收料员：　　　经办人：　　　制单：

原凭　7-2-1

<table>
<tr><td>中国农业银行
转账支票存根（津）
IXII03662931
附加信息

出票日期　年　月　日
收款人：
金额：
用途：
单位主管　会计</td><td>本支票支付期限十天</td><td>中国农业银行　　转账支票（津）　　IXII03662931
出票日期（大写）　　年　　月　　日　付款行名称：农行繁荣路支行
收款人：　　　　　　　　　　　　　　出票人账号：301-3926499
人民币（大写）　　　　亿 千 百 十 万 千 百 十 元 角 分
用途______.
上列款项请从
我账户内支付
出票人签章　　　　　　　　复核　　　记账
"694461"：0298765467020394871：3013926499"00</td></tr>
</table>

原凭　7-2-2

120000000000

天津增值税专用发票

发票联

No 20171201

开票日期：2017年12月1日

购买方	名　　称：鸿儒木器有限责任公司 纳税人识别号：120117860653155 地址、电话：天津市繁荣路1499号　85541064 开户行及账号：农行繁荣路支行　301-3926499	密码区					
货物或应税劳务、服务名称	规格型号	单位	数量	单价	金额	税率	税额
纤维板	p1201	张	1200	48.00	57600.00	17%	9792.00
实木板	p1236	张	300	86.00	25800.00	17%	4386.00
合计					￥83400.00		￥14178.00
价税合计（大写）	玖万柒仟伍佰柒拾捌元整				（小写）￥97578.00		
销售方	名　　称：天津耀光材料加工厂 纳税人识别号：120701638375556 地址、电话：天津市津塘公路88号　60268931 开户行及账号：工行津东分理处　998905674821	备注	天津耀光材料加工厂 120701638375556 发票专用章				

收款人：　　复核：　　开票人：刘风　　销售方：（章）

第二联：发票联　购买方记账凭证

原凭　7-3-1

领　料　单

材料类别：　　领用部门编号：

领用部门：　　年　月　日　　发料部门编号：

材料编号	名称及规格	计量单位	数量		金额	
			请领数	实发数	单价（元）	总价（元）
合计						
用途						

仓库主管：　　材料会计：　　领料员：　　经办人：

原凭　7-3-2

领　料　单

材料类别：　　　　　　　　　　　　　　　　　　　　领用部门编号：
领用部门：　　　　　　　　年　月　日　　　　　　　发料部门编号：

<table>
<tr><td rowspan="2">材料编号</td><td rowspan="2">名称及规格</td><td rowspan="2">计量单位</td><td colspan="2">数量</td><td colspan="2">金额</td></tr>
<tr><td>请领数</td><td>实发数</td><td>单价（元）</td><td>总价（元）</td></tr>
<tr><td></td><td></td><td></td><td></td><td></td><td></td><td></td></tr>
<tr><td></td><td></td><td></td><td></td><td></td><td></td><td></td></tr>
<tr><td></td><td></td><td></td><td></td><td></td><td></td><td></td></tr>
<tr><td></td><td></td><td></td><td></td><td></td><td></td><td></td></tr>
<tr><td colspan="3">合计</td><td colspan="4"></td></tr>
<tr><td>用途</td><td colspan="6"></td></tr>
</table>

仓库主管：　　　材料会计：　　　领料员：　　　经办人：

原凭　7-3-3

限 额 领 料 单

领用部门：　　　　　　　　　　　　　　　　　　　　第　　号：
用途：　　　　　　　　　　年　月　日　　　　　　　发料仓库：

<table>
<tr><td rowspan="2">领料编号</td><td colspan="2" rowspan="2"></td><td rowspan="2">计量单位</td><td rowspan="2">计划投产量</td><td rowspan="2">领用限额</td><td colspan="3">实发合计</td></tr>
<tr><td>数量</td><td>单价</td><td>金额</td></tr>
<tr><td></td><td colspan="2"></td><td></td><td></td><td></td><td></td><td></td><td></td></tr>
<tr><td rowspan="2">日期</td><td colspan="3">领用</td><td colspan="3">退料</td><td colspan="2">限额结余</td></tr>
<tr><td>数量</td><td>领料人</td><td>发料人</td><td>数量</td><td>退料人</td><td>收料人</td><td>数量</td><td>金额</td></tr>
<tr><td></td><td></td><td></td><td></td><td></td><td></td><td></td><td></td><td></td></tr>
<tr><td></td><td></td><td></td><td></td><td></td><td></td><td></td><td></td><td></td></tr>
<tr><td></td><td></td><td></td><td></td><td></td><td></td><td></td><td></td><td></td></tr>
<tr><td></td><td></td><td></td><td></td><td></td><td></td><td></td><td></td><td></td></tr>
<tr><td>合计</td><td></td><td></td><td></td><td></td><td></td><td></td><td></td><td></td></tr>
</table>

生产计划部门　　　　　　　　供销部门

原凭　7-4

借 款 单（记 账）

2017 年 12 月 03 日　　　　顺序第　101 号

借款单位	采购部	姓名	姚洪亮	级别	科员	事由	采购原料
借款金额（大写）	叁仟元整			借款金额（小写）	￥3000.00		
部门负责人签字	张玉	借款人签章	姚洪亮	注意事项	一、凡借公款必须使用本单 二、第三联为正式借据由借款人和单位负责人签章 三、差旅费返回后三天内结算		
单位负责人签字	李小儒	财务部审核意见	同意　李财				

原凭　7-5-1

借 款 单（记 账）

2017 年 12 月 05 日　　　　顺序第　102 号

借款单位	销售部	姓名	李强	级别	科员	事由	代垫双德运费
借款金额（大写）	贰佰元整			借款金额（小写）	￥200.00		
部门负责人签字	王晓	借款人签章	李强	注意事项	一、凡借公款必须使用本单 二、第三联为正式借据由借款人和单位负责人签章 三、差旅费返回后三天内结算		
单位负责人签字	李小儒	财务部审核意见	同意　李财				

原凭　7-5-2

120000000000

天津增值税专用发票

№ 20171205

记账联

开票日期：2017 年 12 月 05 日

<table>
<tr><td rowspan="4">购买方</td><td colspan="5">名　　称：双德办公用品有限责任公司</td><td rowspan="4">密码区</td><td colspan="3" rowspan="4"></td></tr>
<tr><td colspan="5">纳税人识别号：120369852141475</td></tr>
<tr><td colspan="5">地 址、电 话：天津市复兴路 986 号　98764312</td></tr>
<tr><td colspan="5">开户行及账号：工行复兴路支行　102-4563987412</td></tr>
<tr><td colspan="2">货物或应税劳务、服务名称</td><td>规格型号</td><td>单位</td><td>数量</td><td>单价</td><td>金额</td><td>税率</td><td>税额</td></tr>
<tr><td colspan="2">办公桌
办公椅</td><td>p2361
p3365</td><td>张
把</td><td>80
300</td><td>760.00
520.00</td><td>60800.00
156000.00</td><td>17%
17%</td><td>10336.00
26520.00</td></tr>
<tr><td colspan="2">合　　计</td><td></td><td></td><td></td><td></td><td>￥216800.00</td><td></td><td>￥36856.00</td></tr>
<tr><td colspan="2">价税合计（大写）</td><td colspan="7">贰拾伍万叁仟陆佰伍拾陆元整　　（小写）￥253 656.00</td></tr>
<tr><td rowspan="4">销售方</td><td colspan="5">名　　称：鸿儒木器有限责任公司</td><td rowspan="4">备注</td><td colspan="3" rowspan="4">天津耀光材料加工厂
120701638375556
发票专用章</td></tr>
<tr><td colspan="5">纳税人识别号：120117860653155</td></tr>
<tr><td colspan="5">地 址、电 话：天津市繁荣路 1499 号　85541064</td></tr>
<tr><td colspan="5">开户行及账号：农行繁荣路支行　301-3926499</td></tr>
</table>

收款人：　　　复核：　　　开票人：王磊　　　销售方：（章）

第三联：记账联　销货方记账凭证

原凭　7-6-1

中国农业银行

转账支票存根

10201232

17400952

附加信息

出票日期 2017 年 12 月 07 日

收款人：信达运输
金　额：￥3000.00
用　途：材料运费

单位主管　　　会计

原凭 7-6-2

120000000000

天津增值税普通发票

No 20171212

发票联

开票日期：2017 年 12 月 07 日

购买方	名　　称：鸿儒木器有限责任公司 纳税人识别号：120117860653155 地 址、电 话：天津市繁荣路 1499 号　85541064 开户行及账号：农行繁荣路支行　301-3926499	密码区	

货物或应税劳务、服务名称	规格型号	单位	数量	单价	金额	税率	税额
运费					2912.62	3%	87.38
合　　计					¥2912.62		¥87.38
价税合计（大写）	叁仟元整				（小写）¥3000.00		

销售方	名　　称：天津信达运输有限公司 纳税人识别号：120701638378899 地 址、电 话：天津市洞庭路 65 号　67329876 开户行及账号：工行宏达支行　927485929182	备注	天津信达运输有限公司 120701638378899 发票专用章

收款人：　　复核：　　开票人：王东　　销售方：（章）

第二联：发票联　购买方记账凭证

原凭 7-6-3

运费分配单

2017 年 12 月 7 日　　（单位：元）

物资名称	运送数量（张）	分配率（%）	分配额
纤维板	1200	80	2400
实木板	300	20	600
合计	1500	100	3000

编制部门：财务部　　制单人：丁荣

原凭　7-7-1

材 料 入 库 验 收 单

售货单位：　　　　　　　　　　　　　　　　　　　　　　　　验字第　　号

单据号数：　　　　　　　　　年　月　日　　　　　　　　　　结算方式：

<table>
<tr><td rowspan="3">材料编号</td><td rowspan="3">名称及规格</td><td rowspan="3">计量单位</td><td colspan="2">数量</td><td colspan="2">实际金额</td></tr>
<tr><td>采购</td><td>实收</td><td>单价（元）</td><td>总价（元）</td></tr>
<tr><td></td><td></td><td></td><td></td></tr>
<tr><td></td><td></td><td></td><td colspan="2">运费</td><td colspan="2">合计</td></tr>
<tr><td>验收意见</td><td colspan="2"></td><td>单价（元）</td><td>总价（元）</td><td>单价（元）</td><td>总价（元）</td></tr>
<tr><td>入库时间</td><td colspan="2"></td><td></td><td></td><td></td><td></td></tr>
</table>

仓库主管：　　　材料会计：　　　收料员：　　　经办人：　　　制单：

原凭　7-7-2

材 料 入 库 验 收 单

售货单位：　　　　　　　　　　　　　　　　　　　　　　　　验字第　　号

单据号数：　　　　　　　　　年　月　日　　　　　　　　　　结算方式：

<table>
<tr><td rowspan="3">材料编号</td><td rowspan="3">名称及规格</td><td rowspan="3">计量单位</td><td colspan="2">数量</td><td colspan="2">实际金额</td></tr>
<tr><td>采购</td><td>实收</td><td>单价（元）</td><td>总价（元）</td></tr>
<tr><td></td><td></td><td></td><td></td></tr>
<tr><td></td><td></td><td></td><td colspan="2">运费</td><td colspan="2">合计</td></tr>
<tr><td>验收意见</td><td colspan="2"></td><td>单价（元）</td><td>总价（元）</td><td>单价（元）</td><td>总价（元）</td></tr>
<tr><td>入库时间</td><td colspan="2"></td><td></td><td></td><td></td><td></td></tr>
</table>

仓库主管：　　　材料会计：　　　收料员：　　　经办人：　　　制单：

原凭 7-8-1

领 料 单

材料类别： 领用部门编号：

领用部门： 年 月 日 发料部门编号：

材料编号	名称及规格	计量单位	数量		金额	
			请领数	实发数	单价（元）	总价（元）
合计						
用途						

仓库主管： 材料会计： 领料员： 经办人：

原凭 7-8-2

领 料 单

材料类别： 领用部门编号：

领用部门： 年 月 日 发料部门编号：

材料编号	名称及规格	计量单位	数量		金额	
			请领数	实发数	单价（元）	总价（元）
合计						
用途						

仓库主管： 材料会计： 领料员： 经办人：

原凭　7-8-3

限额领料单

领用部门：　　　　　　　　　　　　　　　　　　　　　　　　　　第　　号：

用　　途：　　　　　　　　　　　　年　月　日　　　　　　　　　发料仓库：

领料编号	材料名称规格		计量单位	计划投产量	领用限额	实发合计		
						数量	单价	金额
日期	领用			退料			限额结余	
	数量	领料人	发料人	数量	退料人	收料人	数量	金额
合计								

生产计划部门：　　　　　　　　　　　　　　　　供销部门：

原凭　7-9

中华人民共和国税收缴款书

填发日期　　　　　　2017 年 12 月 10 日　　　　　　收入机关：市税局

缴款单位	代码		预算科目	编码	
	全称	鸿儒木器有限责任公司		名称	所得税
	开户银行	农行繁荣路支行		级次	市级
	账号	301-32926499	收缴国库		河东区支金库
税款所属日期 2017年 11月01 日			税款限缴日期 2017年 12月 10 日		

品目名称	课税数量	计税金额或销售收入	税率或单位税	已缴或扣除数	实缴税额								
所得税		13000	25%		百	十	万	千	百	十	元	角	分
								3	2	5	0	0	0
合计金额（大写）叁仟贰佰伍拾元整							¥	3	2	5	0	0	0

缴款单位（盖章）经办人（章）	税务机关（盖章）填票人（章）	上列款项已收妥并划收款单位账户 国库（银行）盖章年月日	备注	

财务专用章　　征税专用章　　中国农业银行繁荣路支行 2017.12.10 转讫

第一联(收据)国库(经收处)收款盖章后退缴款单位(人)作完税

原凭　7-10

410000000000

河南增值税普通发票

发票联

№ 20171276

开票日期：2017 年 12 月 06 日

购买方	名　　称：鸿儒木器有限责任公司 纳税人识别号：120117860653155 地 址、电 话：天津市繁荣路 1499 号　85541064 开户行及账号：农行繁荣路支行　301-3926499				密码区			
货物或应税劳务、服务名称		规格型号	单位	数量	单价	金额	税率	税额
餐饮费						776.7	3%	23.30
合　　计						¥776.70		¥23.30
价税合计（大写）	捌佰元整					（小写）¥800.00		
销售方	名　　称：郑州状元酒楼 纳税人识别号：410701638378899 地 址、电 话：郑州市南京路 65 号　67329876 开户行及账号：工行二七支行　3889485929182				备注	郑州状元酒楼 410701638378899 发票专用章		

收款人：　　复核：　　开票人：张倩　　销售方：（章）

第二联：发票联　购买方记账凭证

原凭　7-11

委托收款凭证（回单）

委托日期　2017年12月13日　　　　委托号码　00324

付款单位	全称	金智商贸有限公司	收款人	全称	鸿儒木器有限责任公司
	账号	09-6087347367834		账号	301-3926499
	开户银行	工行武汉分行		开户银行	农行繁荣路支行

出票金额	人民币（大写）壹拾捌万贰仟伍佰贰拾元整	千	百	十	万	千	百	十	元	角	分
			¥	1	8	2	5	2	0	0	0

款项内容	商业承兑汇票到期	委托收款凭证名称	商业承兑汇票	附寄单证张数	1张
备注：		款项收托日期 年　月　日		收款人开户银行签章 中国农业银行繁荣路支行 2017.12.13 转账 转讫	

单位主管　　会计　　复核　　记账

原凭 7-12-1

中国农业银行 本票申请书

申请日期 2017年12月14日 第23432号

申请人	鸿儒木器有限责任公司		收款人	金达皮革厂									
账号或住址	301-3926499		账号或住址	38980109398487									
用途	贷款		代理付款行										
本票金额	人民币（大写）	壹万壹仟贰佰叁拾贰元整		千	百	十	万	千	百	十	元	角	分
						¥	1	1	2	3	2	0	0

此联申请人留存

中国农业银行繁荣路支行 2017.12.14 转账 转讫

科目（借）________

对方科目（贷）________

转账日期 年 月 日

复核 记账

原凭 7-12-2

中国农业银行 收费凭证

2017年12月14日

付款人名称	鸿儒木器有限责任公司		付款人账号	301-3926499									
服务项目（凭证种类）	数量	工本费	手续费	小计									上述款项请从我账户中支付。
				百	十	万	千	百	十	元	角	分	
本票	1张	0.2	1							1	2	0	
合计		0.2	1						¥	1	2	0	
金额 币种（大写）		壹元贰角整							¥	1	2	0	
以下在购买凭证时填写													
领购人姓名	楚娜	领购人证件类型		身份证									
		领购人证件号码		120345000056700000									

中国农业银行繁荣路支行 2017.12.14 转账 转讫

原凭 7-12-3

中国农业银行 本 票 2 10400000

00000001

提示付款期限自出票之日起贰个月

出票日期（大写） 贰零壹柒 年 壹拾贰 月 壹拾肆 日

收款人：金达皮革厂 申请人：鸿儒木器有限责任公司

凭票即付	人民币（大写）	壹万壹仟贰佰叁拾贰元整	亿	千	百	十	万	千	百	十	元	角	分
						¥	1	1	2	3	2	0	0

□转账 □现金

密押

行号 104000000000

备注 出票行签章 （中国农业银行股份有限公司 839288 本票专用章） 出纳 李勤 复核 经办

原凭 7-13-1

中国农业银行

转账支票存根

10201232

17400953

附加信息

出票日期 2017 年 12 月 15 日

收款人：红十字会
金 额：¥20000.00
用 途：救灾捐款

单位主管 会计

原凭 7-13-2

天津市社会团体单位统一收据

NO. 0049002

2017年12月15日

今收到：	鸿儒木器有限责任公司				
交来：	救灾捐款				
金额(大写)：	贰万元整			小写	¥20000.00
收款单位签章	天津红十字会 财务专用章	收款人	王芳	交款人	田野

第二联交对方

原凭 7-14-1

中国农业银行
转账支票存根
10201232
17400954

附加信息

出票日期 2017年12月16日

收款人：新体验传播
金　额：¥12720.00
用　途：广告费

单位主管　　会计

原凭 7-14-2

120000000000

天津增值税专用发票

No 20173950

发票联

开票日期：2017 年 12 月 16 日

购买方	名称：鸿儒木器有限责任公司 纳税人识别号：120117860653155 地址、电话：天津市繁荣路 1499 号 85541064 开户行及账号：农行繁荣路支行 301-3926499				密码区		
货物或应税劳务、服务名称	规格型号	单位	数量	单价	金额	税率	税额
广告费					12000.00	6%	720.00
合计					￥12000.00		￥720.00
价税合计（大写）	壹万贰仟柒佰贰拾元整				（小写）￥12720.00		
销售方	名称：天津新体验传播广告有限公司 纳税人识别号：120987098435111 地址、电话：天津市南京路 103 号 23748988 开户行及账号：工行南京路支行 98726789467				备注	天津新体验传播广告有限公司 120987098435111 发票专用章	

收款人： 复核： 开票人：李旭 销售方：（章）

第二联：发票联 购买方记账凭证

原凭 7-15-1

罚 款 通 知

财务部：

职工赵晗违章操作，造成机器设备严重损坏，经研究决定对赵晗同志予以 3000 元罚款。

（印章：鸿儒木器有限责任公司）

总经理：李小儒 财务部：李财

2017 年 12 月 17 日 2017 年 12 月 17 日

原凭　7-15-2

收　据

No 20171217

2017 年 12 月 17 日

今收到：	赵昭			
交来：	违纪罚款			
金额(大写)：	壹仟伍佰元整			
	¥1500.00			
收款单位签章	收款人	田野	交款人	赵昭

第二联交对方

湖南信儒木器有限责任公司 财务专用章

原凭　7-16-1

中国农业银行

转账支票存根

10201232

17400955

附加信息

出票日期 2017 年 12 月 19 日

收款人：大通修理
金　额：¥4446.00
用　途：修理费

单位主管　　会计

原凭　7-16-2

120000000000　**天津增值税专用发票**　№ 20179087

发票联

开票日期：2017 年 12 月 16 日

购买方	名　　称：鸿儒木器有限责任公司 纳税人识别号：120117860653155 地 址、电 话：天津市繁荣路 1499 号　85541064 开户行及账号：农行繁荣路支行　301-3926499				密码区		
货物或应税劳务、服务名称	规格型号	单位	数量	单价	金额	税率	税额
厂部修理费					1500.00	17%	255.00
车间设备修理费					2300.00	17%	391.00
合　　计					￥3800.00		￥646.00
价税合计（大写）	肆仟肆佰肆拾陆元整				（小写）￥4446.00		
销售方	名　　称：天津大通设备修理有限公司 纳税人识别号：120345098411234 地 址、电 话：天津市南京路 210 号　23747654 开户行及账号：工行南京路支行　98729862101				备注		

收款人：　　复核：　　开票人：刘杰　　销售方：（章）

第二联：发票联　购买方记账凭证

原凭　7-17-1

领　料　单

材料类别：　　　　　　　　领用部门编号：

领用部门：　　　年　月　日　　　发料部门编号：

材料编号	名称及规格	计量单位	数量		金额	
			请领数	实发数	单价（元）	总价（元）
合计						
用途						

仓库主管：　　材料会计：　　领料员：　　经办人：

原凭 7-17-2

领 料 单

材料类别：　　　　　　　　　　　　　　　　　　　　　　　　领用部门编号：
领用部门：　　　　　　　　　　年 月 日　　　　　　　　　　发料部门编号：

<table>
<tr><td rowspan="2">材料编号</td><td rowspan="2">名称及规格</td><td rowspan="2">计量单位</td><td colspan="2">数量</td><td colspan="2">金额</td></tr>
<tr><td>请领数</td><td>实发数</td><td>单价（元）</td><td>总价（元）</td></tr>
<tr><td></td><td></td><td></td><td></td><td></td><td></td><td></td></tr>
<tr><td></td><td></td><td></td><td></td><td></td><td></td><td></td></tr>
<tr><td></td><td></td><td></td><td></td><td></td><td></td><td></td></tr>
<tr><td></td><td></td><td></td><td></td><td></td><td></td><td></td></tr>
<tr><td colspan="3">合计</td><td colspan="4"></td></tr>
<tr><td>用途</td><td colspan="6"></td></tr>
</table>

仓库主管：　　　　材料会计：　　　　领料员：　　　　经办人：

原凭 7-17-3

限 额 领 料 单

领用部门：　　　　　　　　　　　　　　　　　　　　　　　　第　　号
用途：　　　　　　　　　　　年 月 日　　　　　　　　　　　发料仓库：

<table>
<tr><td rowspan="2">领料编号</td><td colspan="2" rowspan="2">材料名称规格</td><td rowspan="2">计量单位</td><td rowspan="2">计划投产量</td><td rowspan="2">领用限额</td><td colspan="3">实发合计</td></tr>
<tr><td>数量</td><td>单价</td><td>金额</td></tr>
<tr><td></td><td colspan="2"></td><td></td><td></td><td></td><td></td><td></td><td></td></tr>
<tr><td rowspan="2">日期</td><td colspan="3">领用</td><td colspan="3">退料</td><td colspan="2">限额结余</td></tr>
<tr><td>数量</td><td>领料人</td><td>发料人</td><td>数量</td><td>退料人</td><td>收料人</td><td>数量</td><td>金额</td></tr>
<tr><td></td><td></td><td></td><td></td><td></td><td></td><td></td><td></td><td></td></tr>
<tr><td></td><td></td><td></td><td></td><td></td><td></td><td></td><td></td><td></td></tr>
<tr><td></td><td></td><td></td><td></td><td></td><td></td><td></td><td></td><td></td></tr>
<tr><td></td><td></td><td></td><td></td><td></td><td></td><td></td><td></td><td></td></tr>
<tr><td>合计</td><td></td><td></td><td></td><td></td><td></td><td></td><td></td><td></td></tr>
</table>

生产计划部门：　　　　　　　　　　供销部门：

原凭 7-18-1

中国工商银行 进账单 3

2017 年 12 月 21 日　　　　第 20171221 号

付款单位	全称	天津新发广场股份有限公司	收款人	全称	鸿儒木器有限责任公司
	账号	332456387414		账号	301-3926499
	开户银行	农行云南路支行		开户银行	农行繁荣路支行
人民币（大写）	肆拾贰万壹仟陆佰陆拾捌元整			千百十万千百十元角分	¥42166800
票据种类	支				
票据张数	1				
单位主管　会计　复核　记账			收款人开户盖章		

中国农业银行繁荣路支行 转账 转讫

原凭 7-18-2

120000000000

天津增值税专用发票

No 20171206

记账联

开票日期：2017 年 12 月 21 日

购买方	名　　称：天津新发广场股份有限公司 纳税人识别号：120875603213522 地 址、电 话：天津市云南路 2008 号　97290183 开户行及账号：农行云南路支行　332456387414			密码区			
货物或应税劳务、服务名称	规格型号	单位	数量	单价	金额	税率	税额
办公桌	p2361	张	180	760.00	136800.00	17%	23256.00
办公椅	p3365	把	430	520.00	223600.00	17%	38012.00
合　　计					¥360400.00		¥61268.00
价税合计（大写）	肆拾贰万壹仟陆佰陆拾捌元整				（小写）¥421668.00		
销售方	名　　称：鸿儒木器有限责任公司 纳税人识别号：120117860653155 地 址、电 话：天津市繁荣路 1499 号　85541064 开户行及账号：农行繁荣路支行　301-3926499			备注	鸿儒木器有限责任公司 120117860653155 发票专用章		

收款人：　　　复核：　　　开票人：王磊　　　销售方：（章）

第三联：记账联　销货方记账

原凭 7-19

固定资产折旧计提表

2017年12月22日 （单位：元）

部门	原值	月综合折旧率	月折旧额
车间	1900000	1%	19000
行政管理部门	1690000	0.8284%	14000
	3590000		33000

设备处主管： 财务部主管： 制表人：张立

原凭 7-20-1

差旅费报销单

2017年 12 月 23 日

出差人	张增发	职务	科员	部门	设备处	审批人	李小儒
出差事由	培训设备操作			出差日期	自2017年11月30日 至2017年12月11日 共12天		
到达地点	成都市						
	交通工具			其他	旅馆费	补助	
项目金额	火车	汽车	轮船	飞机	招待	住宿10天	每天标准	合计
	600					3000	120	1200
总计人民币（大写）肆仟捌佰元整								
原借款金额	报销金额	交结余金额 ￥200						
5000	4800	人民币（大写）贰佰元整						

会计主管人员： 记账： 审核： 附单据：3 张

原凭 7-20-2

01v563268762	天津 售
天津→成都	K385 次
2017 年 11 月 30 日 02:51 开 01 车 08 号	
全价 300.00 元	新空调卧铺特快
限乘当日当次车	
在 3 日内有效	

原凭 7-20-3

01v563269543	成都 售
成都→天津	K386 次
2017 年 12 月 10 日 18:20 开 06 车 08 号	
全价 300.00 元	新空调卧铺特快
限乘当日当次车	
在 3 日内有效	

原凭 7-20-4

510000000000

四川增值税普通发票

No 20172347

发票联

开票日期：2017 年 12 月 10 日

购买方	名称：鸿儒木器有限责任公司 纳税人识别号：120117860653155 地址、电话：天津市繁荣路 1499 号 85541064 开户行及账号：农行繁荣路支行 301-3926499				密码区	   		
货物或应税劳务、服务名称	规格型号	单位	数量	单价	金额	税率	税额	
住宿费		天	10	291.26	2912.62	3%	87.38	
合计					¥2912.62		¥87.38	
价税合计（大写）	叁仟元整		（小写）¥3000.00					
销售方	名称：成都假日酒店 纳税人识别号：510345098411234 地址、电话：成都市双安路 10 号 2347654 开户行及账号：工行双安路支行 28390509211				备注	成都假日酒店 510345098411234 发票专用章		

第二联：发票联 购买方记账凭证

收款人： 复核： 开票人：黄雪 销售方：（章）

原凭　7-21-1

领　料　单

材料类别：　　　　　　　　　　　　　　　　　　　　　领用部门编号：

领用部门：　　　　　　年　月　日　　　　　　　　　　发料部门编号：

材料编号	名称及规格	计量单位	数量		金额	
			请领数	实发数	单价（元）	总价（元）
合计						
用途						

仓库主管：　　　材料会计：　　　领料员：　　　经办人：

原凭　7-21-2

领　料　单

材料类别：　　　　　　　　　　　　　　　　　　　　　领用部门编号：

领用部门：　　　　　　年　月　日　　　　　　　　　　发料部门编号：

材料编号	名称及规格	计量单位	数量		金额	
			请领数	实发数	单价（元）	总价（元）
合计						
用途						

仓库主管：　　　材料会计：　　　领料员：　　　经办人：

原凭　7-21-3

领　料　单

材料类别：　　　　　　　　　　　　　　　　　　　　　　　　　　领用部门编号：

领用部门：　　　　　　　　　　年　月　日　　　　　　　　　　　发料部门编号：

材料编号	名称及规格	计量单位	数量		金额	
			请领数	实发数	单价（元）	总价（元）
合计						
用途						

仓库主管：　　　　材料会计：　　　　领料员：　　　　经办人：

原凭　7-21-4

领　料　单

材料类别：　　　　　　　　　　　　　　　　　　　　　　　　　　领用部门编号：

领用部门：　　　　　　　　　　年　月　日　　　　　　　　　　　发料部门编号：

材料编号	名称及规格	计量单位	数量		金额	
			请领数	实发数	单价（元）	总价（元）
合计						
用途						

仓库主管：　　　　材料会计：　　　　领料员：　　　　经办人：

原凭 7-22-1

中国农业银行
转账支票存根
10201232
17400956

附加信息

出票日期 2017年12月15日

收款人：东方电子
金 额：￥14040.00
用 途：电脑

单位主管 会计

原凭 7-22-2

120000000000 **天津增值税专用发票** No 20172394

发票联

开票日期：2017年12月25日

购买方	名称：鸿儒木器有限责任公司 纳税人识别号：120117860653155 地址、电话：天津市繁荣路1499号 85541064 开户行及账号：农行繁荣路支行 301-3926499	密码区					
货物或应税劳务、服务名称	规格型号	单位	数量	单价	金额	税率	税额
电脑	V3000	台	3	4000	12000.00	17%	2040.00
合计					￥12000.00		￥2040.00
价税合计（大写）	壹万肆仟零肆拾元整				（小写）￥14 040.00		
销售方	名称：东方电子有限责任公司 纳税人识别号：120112004987394 地址、电话：天津市十一经路21号 23849503 开户行及账号：工行河东支行 93248592812	备注	东方电子有限责任公司 120112004987394 发票专用章				

收款人： 复核： 开票人：李辰 销售方：（章）

第二联：发票联 购买方记账凭证

原凭 7-23

利息计提单

2017 年 12 月 26 日 编号：20171201

借款合同编号	借款金额（元）	借款利率（年利率）	借款天数（天）	计提利息（元）
20161231	535000	6.24%	30	2782.00
合计	535000			¥2782.00

财务主管： 会计：

原凭 7-24

中国工商银行计息单

2017 年 12 月 27 日

单位名称：鸿儒木器有限责任公司 账号：301-3926499 第 20171227 号

项目	摘要		金额 十	万	千	百	十	元	角	分
利息	短期借款利息				8	3	4	6	0	0
合计（大写）	捌仟叁佰肆拾陆元整	合计		¥	8	3	4	6	0	0

1．上列款项已列收你单位账户。 2．上列款项已收到你单位交来的现金。 3．上列示项已列付你单位账户。∨ （银行盖章）	会计记账	付出： 收入： 出纳： 复核： 记账： 制单：

中国农业银行繁荣路支行 2017.12.27 转账 转讫

原凭　7-25-1

委托收款凭证（付款通知）　1

委托日期　2017 年 12月 28 日　　　委托号码　1030244959

付款单位	全称	鸿儒木器有限责任公司	收款人	全称	天津市电业局
	账号	301-3926499		账号	02-20330455043
	开户银行	农行繁荣路支行		开户银行	工行天津分行河平支行
出票金额	人民币（大写）叁万壹仟壹佰贰拾贰元整			千百十万千百十元角分	¥ 3 1 1 2 2 0 0
款项内容	电费	委托收款凭证名称		附寄单证张数	1张
备注：		款项收托日期 年 月 日		收款人开户银行签章	

中国农业银行繁荣路支行 2017.12.28 转账 转讫

单位主管　　会计　　复核　　记账

原凭　7-25-2

120000000000

天津增值税专用发票

№ 20174738

发票联

开票日期：2017 年 12 月 28 日

购买方	名　　称：鸿儒木器有限责任公司 纳税人识别号：120117860653155 地 址、电 话：天津市繁荣路 1499 号　85541064 开户行及账号：农行繁荣路支行　301-3926499			密码区			
货物或应税劳务、服务名称	规格型号	单位	数量	单价	金额	税率	税额
电费		kW·h	33250	0.8	26600.00	17%	4522.00
合　　计					¥26600.00		¥4522.00
价税合计（大写）	叁万壹仟壹佰贰拾贰元整				（小写）¥31122.00		
销售方	名　　称：天津市电力公司 纳税人识别号：120000000003122 地 址、电 话：天津市河北区五经路 39 号　22338899 开户行及账号：建行河北支行　23849009834			备注	天津市电力公司 120000000003122 发票专用章		

第二联：发票联　购买方记账凭证

收款人：　　复核：　　开票人：蒋璐　　销售方：（章）

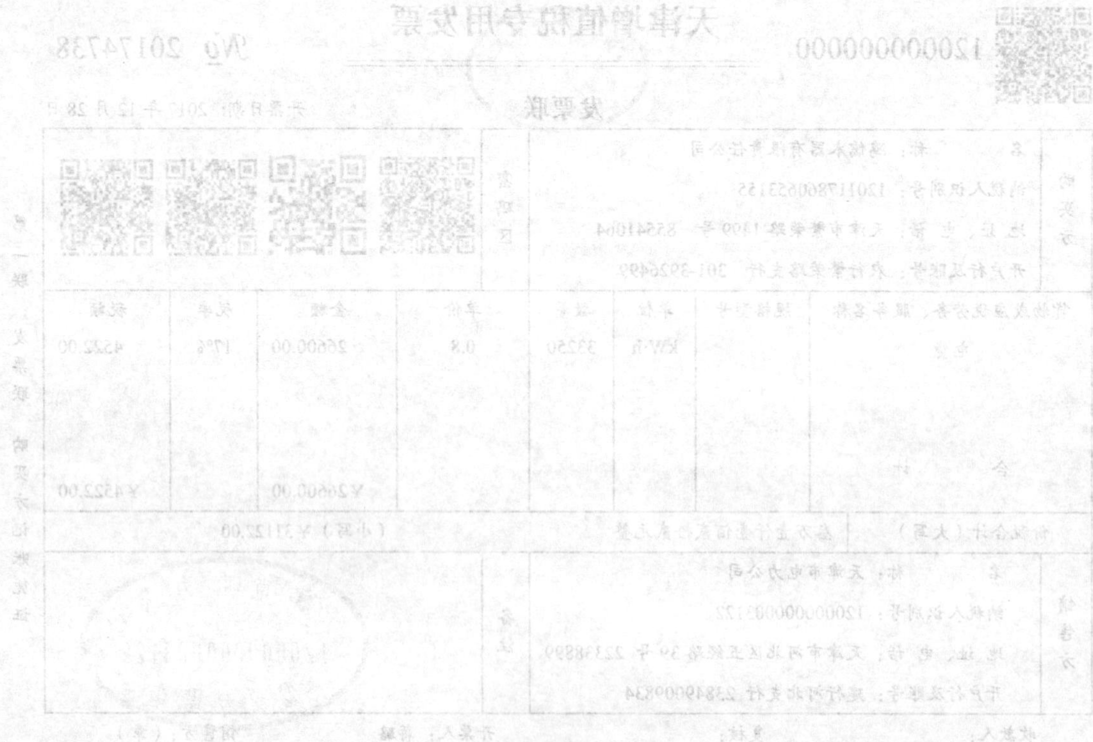

原凭　7-25-3

2017年12月份电费分摊表

部门		金额（元）
车间	生产办公桌	13460
	生产办公椅	11740
	车间管理	500
行政管理部门		900
合计		26600

制表人：刘敏

原凭　7-26-1

中国工商银行 进账单 3

2017年12月29日　　第20171229号

付款单位	全称	天津宏达材料有限公司	收款人	全称	鸿儒木器有限责任公司
	账号	120948278495		账号	301-3926499
	开户银行	浦发河北路支行		开户银行	农行繁荣路支行

人民币（大写）	壹万陆仟叁佰捌拾元整	千	百	十	万	千	百	十	元	角	分
				¥	1	6	3	8	0	0	0

票据种类	支	
票据张数	1	
单位主管　会计　复核　记账		收款人开户盖章

中国农业银行繁荣路支行 2017.12.29 转账 转讫

原凭　7-26-2

120000000000

天津增值税专用发票

№ 20171207

记账联

开票日期：2017 年 12 月 29 日

购买方	名　　称：天津宏达材料有限公司 纳税人识别号：120948278495333 地 址、电 话：天津市河北路 493 号　37489204 开户行及账号：浦发河北路支行　9482029487532	密码区					
货物或应税劳务、服务名称	规格型号	单位	数量	单价	金额	税率	税额
纤维板	p1201	张	200	70	14000.00	17%	2380.00
合　　计					￥14000.00		￥2380.00
价税合计（大写）	壹万陆仟叁佰捌拾元整				（小写）￥16380.00		
销售方	名　　称：鸿儒木器有限责任公司 纳税人识别号：120117860653155 地 址、电 话：天津市繁荣路 1499 号　85541064 开户行及账号：农行繁荣路支行　301-3926499	备注	鸿儒木器有限责任公司 120117860653155 发票专用章				

收款人：　　复核：　　开票人：王磊　　销售方：（章）

第三联：记账联　销货方记账凭证

原凭　7-27-1

2017 年 12 月份工 资 汇 总 表

（单位：元）

部门	金额
车间生产人员	100000
车间管理人员	20000
行政管理部门	30000
合　　计	150000

财务主管：　　会计：　　制表人：张青

原凭 7-26-2

1200000000 **天津增值税专用发票** No 20171207

记账联

开票日期：2017年12月29日

购买方	名　　称：天津宏达材料有限公司 纳税人识别号：120948278495233 地址、电话：天津市河北路493号 37489204 开户行及账号：建设河北路支行 9482029481532	密码区					
货物或应税劳务、服务名称	规格型号	单位	数量	单价	金额	税率	税额
[illegible]	p1201	件	200	70	14000.00	17%	2380.00
合　　计					¥14000.00		¥2380.00
价税合计（大写）	壹万陆仟叁佰捌拾元整				（小写）¥16380.00		
销售方	名　　称：鸿福木器有限责任公司 纳税人识别号：120117860653155 地址、电话：天津市紫竹路1499号 85541064 开户行及账号：农行紫竹路支行 301-3926199	备注					

收款人：　复核：　开票人：王芳　销售方：（章）

第三联：记账联　销售方记账凭证

原凭 7-27-1

2017年12月份工资汇总表

（单位：元）

部门	金额
车间生产人员	100000
车间管理人员	20000
行政管理部门	30000
合　　计	150000

财务主管：　会计：　制表人：韩雪

原凭　7-27-2

2017年12月份生产车间工资分配表

（单位：元）

生产车间	工时	分配率%	分配额
办公桌	3500	70%	70000
办公椅	1500	30%	30000
合计	5000	100%	100000

生产主管：　　　　　　制表人：张青

原凭　7-28

业务回单（付款）

日期：2017年12月30日　　回单编号：17000000000

付款人户名：鸿儒木器有限责任公司　　付款人开户行：农行繁荣路支行

付款人账号：301-3926499

收款人户名：鸿儒木器有限责任公司-代发工资专户　　收款人开户行：建行繁荣路支行

收款人账号：0329402032039

金额：壹拾伍万元整　　小写：150,000.00元

业务（产品）种类：跨行发报　　凭证种类：2010版业务委托书　　凭证号码：20171299

摘要：代发工资　　币种：人民币

交易机构：0000000000　　记账柜员：00000　　交易代码：00000　　渠道：其他

附言：代发工资

支付交易序号：00000000　　报文种类：大额客户发起汇兑业务　　委托日期：2017-12-30

业务类型（种类）：普通汇兑

本回单为第1次打印，注意重复　　打印日期：2017年12月30日　　打印柜员：9　　验证码：000000000000

中国农业银行繁荣路支行 2017.12.30 转账 转讫

原凭　7-29

12月份制造费用分配表

（单位：元）

生产车间	工时	分配率%	分配额
办公桌	3500	70%	30940
办公椅	1500	30%	13260
合计	5000	100%	44200

生产主管：　　　　　　　　　　　　　　　　　　　　　　　　制表人：吴天

原凭　7-30

入　库　单

物资类别　库存商品　　　　　　　　2017 年 12 月 30 日

NO. 1791230

交货单位	生产车间		发票号码或生产单号码		验收仓库	二仓库	入库日期	2017.12.30
编号	名称及规格	单位	数量		单价	金额	备注	
			交库	实收				
140501	办公桌	张	840	840	325	273000.00		
140502	办公椅	把	456	456	225	102600.00		
合　计						375600.00		

财务主管　　记账　　仓库主管　　收货　　交货部门主管　　交货　　制单

原凭 7-31

中国农业银行 转账支票存根 **10201214** 05243726	中国农业银行 现金支票 **10201214** 05243726
附加信息	出票日期（大写） 年 月 日 付款行名称：农行繁荣路支行 收款人： 出票人账号：301-3926499
出票日期 年 月 日	付款期限自出票之日起十天 人民币（大写） 亿 千 百 十 万 千 百 十 元 角 分
收款人：	用途 ______ 密码 ______
金额：	上列款项请从 我账户内支付 出票人签章 复核 记账
用途：	
单位主管 会计	

原凭 7-32

出 库 单

物资类别 原材料 2017年12月31日

NO. 09123101

提货部门	销售部		发票号码或生产单号码	20171207	发出仓库	一仓库	出库日期	2017.12.31
编号	名称及规格	单位	数量			单价	金额	备注
			请领	实发				
p1201	纤维板	张	200	200		50	10000.00	
合 计							¥10000.00	

财务主管 记账 仓库主管 发货 提货部门主管 提货 制单

原凭 7-31

中国农业银行 现金支票 10201214 05243726

出票日期（大写） 年 月 日 付款行名称：农行高新路支行

收款人： 出票人账号：301-39260499

人民币（大写）	亿	千	百	十	万	千	百	十	元	角	分

用途 密码

上列款项请从
我账户内支付
出票人签章 复核 记账

本支票付款期限十天

中国农业银行
现金支票存根
10201214
05243726

附加信息

出票日期 年 月 日

收款人：

金额：

用途：

单位主管 会计

原凭 7-32

出 库 单

2017年12月31日 材料类别 [illegible]

NO. 05125101

提货部门	[illegible]	发票号码或生产单号码	20171207	发出仓库	一号库	出库日期	2017.12.31
编号	名称及规格	单位	数量 请领	数量 实发	单价	金额	备注
[illegible]	[illegible]	[illegible]	200	200	50	10000.00	
合 计						¥10000.00	

财务主管 记账 仓库主管 发货 提货部门主管 提货 制单

原凭　7-33-1

出　库　单

物资类别 库存商品　　　　2017年12月31日

NO. 17123102

提货部门	销售部		发票号码或生产单号码	20171205	发出仓库	一仓库	出库日期	2017.12.31
编号	名称及规格	单位	数量			单价	金额	备注
			请领	实发				
140501	办公桌	张	80	80		325	26000.00	
140502	办公椅	把	300	300		225	67500.00	
合　计							¥93500.00	

财务主管　记账　仓库主管　发货　提货部门主管　提货　制单

原凭　7-33-2

出　库　单

物资类别 库存商品　　　　2017年12月31日

NO. 17123103

提货部门	销售部		发票号码或生产单号码	20171206	发出仓库	一仓库	出库日期	2017.12.31
编号	名称及规格	单位	数量			单价	金额	备注
			请领	实发				
140501	办公桌	张	180	180		325	58500.00	
140502	办公椅	把	430	430		225	96750.00	
合　计							¥155250.00	

财务主管　记账　仓库主管　发货　提货部门主管提货　制单

原凭　7-34

2017年12月增值税、城建税、教育费附加明细表

单位：元

项目	计算过程		应纳税（费）额
增值税	销项税额	进项税额（包括上期留抵额）	
城建税	计算基数	税率	
教育费附加	计算基数	征收率	

业务35～36无原始凭证。

原凭　7-37

鸿儒木器有限责任公司2017年度股东大会决议

时间：2017年12月31日上午9:00

地点：天津保利大酒店19楼会议室

参会人员：李斯　李小儒（鸿运公司董事长）等23人

议程：经股东会一致同意，形成决议如下：

1. 审议通过了《关于董事会2017年工作报告的议案》：

……

2. 审议通过了《关于监事会工作报告的议案》：

……

3. 审议通过了《关于2017年度利润分配方案的议案》：

按净利润的10%提取法定盈余公积，提取任意盈余公积￥50000万元，分配普通股现金股利￥648000元。

全体股东签字：

（法人股东加盖公章并由法定代表人签字，自然人股东亲笔签字）

李斯　　李小儒

鸿儒木器有限责任公司盖章：

2017年12月31日

原凭 7-38

鸿儒木器有限责任公司 2017 年度股东大会决议

时间：2017 年 12 月 31 日上午 9:00

地点：天津保利大酒店 19 楼会议室

参会人员：李斯 李小儒（鸿运公司董事长）等 23 人

议程：经股东会一致同意，形成决议如下：

1．审议通过了《关于董事会 2017 年工作报告的议案》：

……

2．审议通过了《关于监事会工作报告的议案》：

……

3．审议通过了《关于 2017 年度利润分配方案的议案》：

按净利润的 10%提取法定盈余公积，提取任意盈余公积￥50000 万元，分配普通股现金股利￥648000 元。

全体股东签字：

（法人股东加盖公章并由法定代表人签字，自然人股东亲笔签字）

李斯 李小儒

鸿儒木器有限责任公司盖章：

2017 年 12 月 31 日

原凭　7-39

鸿儒木器有限责任公司2017年度股东大会决议

时间：2017年12月31日上午9:00

地点：天津保利大酒店19楼会议室

参会人员：李斯　李小儒（鸿运公司董事长）等23人

议程：经股东会一致同意，形成决议如下：

1．审议通过了《关于董事会2017年工作报告的议案》：

……

2．审议通过了《关于监事会工作报告的议案》：

……

3．审议通过了《关于2017年度利润分配方案的议案》：

按净利润的10%提取法定盈余公积，提取任意盈余公积￥50000万元，分配普通股现金股利￥648000元。

全体股东签字：

（法人股东加盖公章并由法定代表人签字，自然人股东亲笔签字）

李斯　　李小儒

鸿儒木器有限责任公司盖章：

2017年12月31日

参 考 文 献

[1] 企业会计准则编审委员会．企业会计准则 2017[M]．上海：立信会计出版社，2017.

[2] 企业会计准则编审委员会．企业会计准则—— 应用指南 2017[M]．上海：立信会计出版社，2017.

[3] 企业会计准则编审委员会．企业会计准则讲解 2017[M]．上海：立信会计出版社，2017.

[4] 财政部会计资格评价中心．初级会计实务[M]．北京：中国财政经济出版社，2017.

[5] 许长华．会计综合实训[M]．北京：高等教育出版社，2005.

[6] 刘喜波，崔莉莉．会计综合模拟实训[M]．北京：机械工业出版社，2006.

[7] 陈真子．基础会计实训[M]．北京：中国人民大学出版社，2015.

[8] 沈清文，张怡，吕玉林．基础会计实训[M]．北京：清华大学出版社，2016.